南京财经大学
粮食安全与战略研究中心

2015年 第1期 VOL.1 NO.1

粮食经济研究
FOOD ECONOMICS RESEARCH

1
2015

粮食经济研究
FOOD ECONOMICS RESEARCH

主 管 单 位：南京财经大学
主 办 单 位：南京财经大学粮食安全与战略研究中心
学术委员会主任：程国强
编辑委员会主任：宋学锋
主　　　　编：曹宝明
副　主　　编：李　丰
编 辑 部 主 任：赵　霞
值 班 编 辑：朱　行

编辑部地址：江苏省南京市铁路北街 128 号 31 号信箱，邮政编码：210003
编辑部电话：025 - 83495942，025 - 83494738
编辑部邮箱：fooder@ njue. edu. cn
编辑部网址：http：//cfsss. njue. edu. cn

粮食经济研究
FOOD ECONOMICS RESEARCH

学术委员会

主任：
程国强　国务院发展研究中心学术委员会秘书长，研究员

委员：
秦　富　中国农业科学院农村发展研究所研究员，教授
武拉平　中国农业大学经济管理学院教授
朱　晶　南京农业大学经济管理学院院长，教授
钟甫宁　南京农业大学经济管理学院教授
蒋乃华　南通大学副校长，教授
祁华清　武汉轻工大学经济与管理学院院长，教授
郑沫利　国贸工程设计院工程咨询所所长，教授级高工
吴林海　江南大学商学院教授
亢　霞　国家粮食局科学研究院副研究员
姜德波　南京审计大学研究生院院长，教授
金晓瑜　江苏社会科学杂志社社长，研究员
夏伯锦　上海市粮食局副局长
张国江　上海良友（集团）有限公司总裁
朱新华　江苏省粮食局副局长，研究员
罗洪明　江苏省粮食集团有限责任公司总经理
石　奇　南京财经大学改革发展办公室主任，教授
张为付　南京财经大学科研处处长，教授
侯立军　南京财经大学评估办主任、高教所所长，教授
吴志华　南京财经大学营销与物流学院副院长，教授
胡秋辉　南京财经大学食品科学与工程学院院长，教授
曹宝明　南京财经大学粮食经济研究院院长，教授

粮食经济研究
FOOD ECONOMICS RESEARCH

编辑委员会

主任：
宋学锋　南京财经大学校长，教授

委员：
陈劲松　《中国农村经济》副主编
吕新业　《农业经济问题》杂志社副社长，研究员
韩璞庚　《江海学刊》总编，研究员
李　静　《江苏社会科学》主编，研究员
吴　群　《现代经济探讨》主编，研究员
王　维　《世界经济与政治论坛》主编，研究员
颜　波　国家粮食局政策法规司司长
盖国平　上海市粮食局局长
陈　杰　江苏省粮食局局长
金汝斌　浙江省粮食局局长
牛向阳　安徽省粮食局局长
董　勤　光明食品（集团）有限公司总裁
张　华　上海良友（集团）有限公司董事长
刘习东　江苏省粮食集团有限责任公司董事长
王开田　南京财经大学副校长，教授
鞠兴荣　南京财经大学副校长，教授
乔　均　南京财经大学副校长，教授
华仁海　南京财经大学副校长，教授
曹宝明　南京财经大学粮食经济研究院院长，教授

粮食经济研究

FOOD ECONOMICS RESEARCH

2015年7月出版　　　　　　　　　　　　　　　2015年第1期

目　录

中国粮食流通体制演进历程分析
　　——基于政府管制的目标、手段与绩效
　　………………………………………………吴闻潭　周　洲（1）
粮食流通体制改革的制度经济学分析
　　…………………………………………………刘洪辞　查婷俊（10）
市场化条件下粮食价格形成机制及调控策略分析
　　………………………………………………………………李光泗（18）
我国小麦价格波动影响因素实证分析
　　………………………………………………………………刘俊杰（28）
国际玉米价格与国内玉米价格波动的动态关系分析
　　………………………………………………张　兵　刘　丹（37）
基于BP神经网络模型的玉米价格基差预测
　　………………………………………………………………曾星月（47）
国有粮企销售量与粮食价格的相关性分析及解释
　　………………………………………………………………赵　霞（58）
无公害农产品生产流通的博弈分析
　　——以无公害粮食为例
　　………………………………………………………………廖小静（67）
我国粮食走廊研究
　　………………………………………………………………徐建玲（76）
主要发达国家粮食流通政策演变及其启示
　　………………………………………………………………李　丰（88）
《粮食经济研究》征稿启事………………………………………（102）
《粮食经济研究》投稿须知………………………………………（103）

Vol. 1 *No.* 1

Contents

Analysis on the Evolution of China's Grain Circulation System:
Based on the Target, Means and Performance of
Government's Regulation
.... WU Wen-tan, ZHOU Zhou (1)

Institutional Economics Analysis of Food Circulation System Reform
.... LIU Hong-ci, ZHA Ting-jun (10)

Under the Condition of Market – oriented the Forming Mechanism of
Grain Price and the Controlling Measures
.... LI Guang-si (18)

An Empirical Analysis on Factors of China's Wheat Price Volatility
.... LIU Jun-jie (28)

Research on the Dynamic Relationship of Price Fluctuations Between
International Maize and Domestic Maize Price
.... ZHANG Bing, LIU Dan (37)

Research on the Price of Corn Design based on BP Neural Network
.... ZENG Xing – yue (47)

Analysis and Explanation of the Correlation between Sales of
State – owned Grain Enterprises and Grain Price
.... ZHAO Xia (58)

A Game Analysis for Producing and Selling of the Pollution – free
Agricultural Products: Taking the Pollution – free Grains
for Example
.... LIAO Xiao – jing (67)

Study on the Spatial Equilibrium Model of China's Grain Corridor
.... XU Jian – ling (76)

Research on the Grain Circulation Policy Evolution of Some
Developed Countries
.... LI Feng (88)

中国粮食流通体制演进历程分析
——基于政府管制的目标、手段与绩效

吴闻潭　周　洲

（南京财经大学 粮食经济研究院，南京 210003）

摘　要　研究从政府管制的视角，从粮食政策的目标、手段与绩效出发，重新梳理了我国粮食流通体制演变过程，认为可以将我国粮食流通体制的演进过程大体划分为四个不同的时期。可以发现，在不同的时期政府政策目标所关注的侧重点不同，因而粮食流通体制改革的举措和效果也有所区别。在分析了我国粮食流通体制演变历程特点的基础上，得到了关于进一步深化我国粮食流通体制改革的几点启示。

关键词　粮食流通体制；演进；特征；政府管制

一、引言

粮食是一种具有战略性的特殊商品，粮食问题既是经济问题，也是政治问题。粮食流通体制是政府基于一定的粮食管制目标，通过相应的政策设计而形成的粮食流通的制度和组织。其内涵既包括粮食流通的政策体系，也涵盖了政府对粮食流通的管理模式。粮食流通体制作为整个社会经济体制的一个重要组成部分，在连接粮食生产和消费、保障国家粮食安全以及促进国民经济健康稳定发展等各个方面都起着举足轻重的作用。新中国成立以来，我国的粮食流通体制发生了一系列重大变化。粮食流通体制的演变作为一种制度的变迁过程[1]，从更深层次来说，也是政府围绕安全和效率的目标与粮食生产者、粮食流通企业以及粮食消费者等市场主体进行博弈的过程。当然这些变迁也是改革的需要和一系列国民经济总体情况发展变化的结果[2]。

管制是指管制者基于公共利益或者其他目的依据既有的规则对被管制者的活动进行的限制[3]。政府管制即是政府作为管制者，基于公共利益或者其他目的，依据政府制定的法规对个人和组织（特别是企业）的活动进行行政管理与监督。根据政府管制领域的不同，可以将政府管制分为经济管制、政治管制以及社会管制[4]。本文主要分析政府管制中的经济管制部分，主要表现为对粮食产业管制。与西方市场经济体制下的政府管制相比，我国政府对粮食市场管制有着自身的特殊性。一方面，政府作为"裁判员"对整个

收稿日期：2015-11-01
基金项目：国家自然科学基金项目（编号：71373116）、粮食公益性行业科研专项（编号：201313009-1）、南京财经大学粮食安全与战略研究中心重大项目（编号：CFSSS2014-09）。
作者简介：吴闻潭（1990—），男，湖北黄冈人，经济学博士研究生，研究方向：现代粮食流通产业发展与政策；周洲（1989—），男，江苏盱眙人，经济学博士研究生，研究方向：粮食经济理论与政策。

粮食产业的企业进行约束;另一方面,政府又可以作为"运动员",即以行政命令指挥国有粮食企业作为市场主体参与其中。任何一项制度都有其成本,政府管制也不例外。政府为达到一定的政策目标而采取的管制行为必须要综合考虑到实施该管制行为所支付的成本以及预期所带来的政策收益。本文试图从政府的粮食管制视角来分析我国粮食流通体制的演进历程,探究粮食流通体制演进的不同阶段政府对粮食管制的目标、手段以及效果,这对于深入认识我国的粮食流通体制演进历程,明确今后进一步深化改革的方向,具有十分重要的意义。

二、我国粮食流通体制的演进历程分析

（一）自由购销时期（1949~1952年）

在新中国成立之初,我国面临着错综复杂的国际与国内环境。一方面,西方资本主义国家对新生的红色政权实行政治和经济上的双重封锁;另一方面,经历了长期的战争,我国的经济基础以及人民生活都遭到了严重破坏。这一时期,由于民国时期旧的经济体制已经被打破,但是新的经济体制尚未建成,我国粮食流通还处于无序状态。在粮食供应紧张的时候,粮食中间商在市场上的惜售行为加剧了粮价的波动,从而导致其他商品价格的全面上涨。这一时期,政府粮食管制的主要目标在于稳定粮价,保证城市居民的粮食消费需求,为恢复和发展经济奠定基础,从而巩固新生政权。

为了稳定粮食价格,有效地打击市场投机势力,政府组织国有粮食企业在市场上积极收购粮食以掌握足够的粮源。1950年到1952年三年期间,国营企业收购和销售的粮食数量不断增长。据估算,三年期间由于政府积极组织收购,政府粮食收购数量占社会收购总量的比重从23%增加到73%,而粮食销售量也从20%增长到了51%。资料显示,1952年小麦（包括面粉）的销售呈直线上升趋势。前三个季度的销量分别是5.04亿斤、7.09亿斤和8.42亿斤。其中,九大城市前10个月的销量比1950年全年增加了37.42%[5]。

这一时期,政府还建立了一整套粮食管理组织体系,并大力加强国有粮食机构和企业的建设。政府分别于1950年3月和10月成立了中国粮食公司和粮食管理总局。为了对全国粮食的收购、分配和供应进行统一协调和管理,政府于1952年成立了国家粮食部。同时政府从1951年开始,每年抽调公粮中的部分作为国家储备粮,1952年末政府粮食库存量较上一年增长了32.7%。

尽管自由购销的粮食流通体制只存在了短短三年的时间,但在当时却有力地促进了粮食生产发展,稳定了粮食市场。政府在调控上主要采用的是经济手段,主要通过发挥国家牌价对市场价格的引导作用,运用价值规律调节供求,而较少采用行政命令直接调节。这一时期政府通过加强对市场的管理、积极组织收购掌握粮源、适时对市场进行吞吐调控等措施,基本稳定了粮食市场价格。然而,随着国民经济的恢复与发展,人民对粮食的消费需求不断增长,尽管政府收购的粮食数量有所增加,但依然赶不上销售数量增加的幅度,粮食的供求矛盾依然远远没有解决。但是,这一时期粮食流通市场的组织结构呈现出多元化的特点,粮食流通体系的运行保持了较高的效率,有力地稳定了粮食价格,确保了军供民需。

（二）统购统销时期（1953~1984年）

从1953年开始,我国开始了大规模的社会主义经济建设,为了保证社会主义建设的

有效进行，政府采取了"优先发展重工业"的战略。农业作为传统的经济部门，要为工业发展提高原材料、劳动力以及资金。因此，政府采取了压低农产品价格，提高工业制成品价格的"价格剪刀差"策略，为社会主义经济建设积累资金。这一时期，政府的粮食政策目标主要是在保证粮食安全的基础上，为社会主义经济建设积累资金，促进社会主义工业化进程。

十一届三中全会以来，我国传统的高度垄断的计划经济体制逐渐被打破。一方面，高度集中的粮食管理体制不再适应新的形势；另一方面，农村的经济制度也发生了较大的改变。以1978年为分水岭，可以将这一时期分为两个不同的阶段，在符合总体目标的基础上，不同阶段粮食管制的目标侧重点略有不同。1953~1978年这个阶段政府粮食政策目标的重点是确保城市居民粮食消费需求，而1979~1984年则侧重于增加农民收入。

（1）1953~1978年，这一时期政府粮食政策目标重点是刺激粮食生产，确保城市居民粮食消费需求。从1953年开始我国进入了第一个五年计划时期，随着大规模的社会主义工业化建设的开展和城市人口的不断增加，对粮食的需求也在不断增长。尽管前3年粮食产量有了较大增长，但是1952年全国人均粮食占有量只有570斤，依然处于较低水平。自1952年下半年起，粮食供销差额不断扩大，供求矛盾比较尖锐。为满足工业化建设需要，政府权衡了多方面利弊，中共中央于1953年10月16日作出了《关于实行粮食计划收购和计划供应的决议》，1953年11月23日政务院又发布了《关于实行粮食的计划收购和计划供应的命令》，规定从12月初开始，在全国范围内对粮食实行计划收购和计划销售，简称"统购统销"[6]。粮食统购统销政策具体来说包括四个方面，即计划收购政策、计划供应政策、由中央政府严格控制粮食市场的政策以及中央政府对粮食实行统一管理的政策。为了将统购统销政策更好地贯彻落实下去，1955年8月25日，国务院颁发《关于农村粮食统购统销暂行办法》和《关于市镇粮食定量供应暂行办法》的命令，将农村粮食"三定"（即定产、定购、定销）办法以法令形式颁布执行，并且规定：在农村对余粮户核定粮食交售任务进行统购，对农村的缺粮户分别核定粮食供应量进行统销，对农村的粮食自足户不进行统购统销；在城市实行分等定量的供应制度，按照城市人口年龄层次、劳动差别等情况，规定相应的分等供应标准，并以户为单位，发给购粮凭证，凭票证供应。对工商行业用粮，按照工商企业用粮的实际需要核定指标，按计划供应。第一个五年计划时期，统购统销政策得到了很好的贯彻实施，国家经济建设和工农业生产不断发展，粮食产量连年增加。

但是1958年后，由于自然灾害和人民公社化运动的不利影响，粮食大幅度减产，国家库存的粮食数量也急剧下降，粮食局势十分危急。为了刺激粮食生产，1961年4月，国务院发布了《关于提高粮食统购价格的通知》，决定从当年夏收起提高粮食征购价格。按照全国六大主要粮食品种的平均价格计算，每100斤统购价格由当时的7.01元提高到了8.78元，提高幅度为25.25%。1966年6月，政府再次提高粮食统购价格，六种主要粮食统购价格平均提高17.1%。据有关资料显示，粮食收购价从1955年的每百斤6.73元一直稳步上升到1976年的每百斤10.63元，提升幅度达到58%[7]。1965年10月，政府开始实施粮食征购"一定三年"不再变动的办法，并实行超产、超购、超奖政策。到了1968~1970年，依然按老方法执行。提高粮食统购价格，对超产种粮农户奖励等政策，在一定程度上改变了农村种粮比较收益较低的状况，刺激了农民种粮的积极性，使得这一时期的粮食产量在恢复的基础上实现了缓慢增长。

随着粮食统购价格的提高，而粮食统销价格维持不变，粮食购销价格倒挂问题也日益显现，为了缓解财政压力，政府三次提高粮食统销价格，分别为：1963年，政府决定将农村粮食销价提高到同购价相平，同时提高城乡工商行业的用粮价格，使之与购粮价格相平，但对供应给城镇居民销粮价格不变；1965年10月，城镇粮食销售价格提高到与统购价格持平；1966年6月，国务院分别提高粮食统购价格和统销价格。尽管后两次提高了城镇粮食销价，但是政府也相应地增加了对城镇职工的粮食补贴。可见，这一时期政府粮食政策目标更注重保护城市居民的利益。

这一时期，粮食管理体制也有了一些变化。从1953年实行统购统销政策开始到1958年，一直是中央政府对全国粮食供需进行集中管理，1958年3月，为了扩大地方权力，将本来由中央政府统一集中进行管理的办法改成"分级包干、差额调拨"的方法。但是，由于"大跃进"和人民公社运动带来的负面影响，新的管理体制无法贯彻执行，不得不再一次加强中央统一调度的力度。1962年9月，政府决定由中央统一协调安排全国粮食的收购、分配和销售工作，分级进行管理。"文革"期间，粮食流通领域出现混乱。1972年，全国粮食减产，征购粮食减少，购销出现较大缺口。同年12月，政府决定实行"统一征购、统一销售、统一调拨、统一库存"的高度集中的"四统一"粮食管理体制，对粮食集市贸易多方限制、批判、乃至取消。

为了"备战备荒"和我国社会主义工业化建设的需要，政府决定从1958年起，国家在12年内储备足量的可以销售一年到两年的粮食；1963年，国务院发布《关于粮食工作的指示》，提出逐步增加国家的粮食储备和集体、个人的粮食储备。1965年8月，粮食部召开了开展农村集体粮食储备工作的座谈会，提出在第三个五年计划时期，一般地区应争取储备3个月的口粮，条件较好地区要储备半年甚至是一年的口粮。粮食形势的逐年好转为建立社会粮食储备创造了有利条件，国家和社会粮食储备的建立对确保我国的粮食安全具有重要的战略意义。

（2）1979～1984年，这一时期粮食政策的目标是刺激粮食生产，增加农民收入。1978年十一届三中全会提出了发展农业生产的一系列政策措施。主要包括以下几点：①进一步提高农产品收购价格。政府决定从1979年起，将粮食统购价格提高20%，在统购之外超购的部分再另外加价50%。②逐步减少统购统销的品种和数量。1982年全国粮食统购数量为606亿斤，比1979年下降了20%。③对粮食集市交易活动予以恢复，实行粮食议购议销交易。集市粮食成交量从1978年的50亿斤，逐年上升到1984年的167亿斤，增加了2倍多。议购粮的数量也从65亿斤增长到了186亿斤。④中央对省一级地方的粮食购销调拨实行包干办法，对于完成购销任务的计划外缺粮主要通过市场解决。

提高农产品收购价格，减少统购统销品种与数量，有效地缓解了农业生产成本上升所带来的粮食统购价格偏低的不合理情形，进一步增加了粮农收入，搞活了粮食经营。这一时期，虽然政府对粮食管理体制进行了一些调整，但并没有改变之前高度计划、高度集中的特点，从而未从根本上打破粮食统购统销体制。但相关的改革措施确实搞活了粮食经营，有力地调动了农民的粮食生产积极性，使得粮食生产连年丰收。粮食产量从1978年的6095亿斤增长到1982年的7069亿斤，1983年粮食产量达到7746亿斤，1984年更是达到了8146亿斤的高峰。但是，政府在提高粮食统购价格的同时没有提高销价，导致了购销价格倒挂问题,这部分差价主要由政府财政补贴。随着粮食的不断增产,政府收购增多导致的财政负担也日益沉重。

统购统销的粮食流通体制是在特定历史时期的一个必然选择。其作为计划经济体制的一个重要组成部分,一方面服从了国家整体经济发展的需要,另一方面也适应了当时的粮食供求形势。这一时期我国的社会主义工业化建设取得了飞速发展,工业生产总值占国民经济总量的比重从1952年的20%增长到1976年的45%。当然这一时期的统购统销体制也存在一定的问题。一方面,统购统销体制具有高度的计划性和极强的国家垄断性[8],政府在保障粮食安全方面所付出的成本也是巨大的,不仅包括维持庞大的管理组织体系所支付的成本,还包括统购统销价格倒挂所支付的财政补贴开支;另一方面,这样的一个服从国家经济建设的制度安排,在一定程度上损害了农民的利益。这些问题都成为之后改革的重点和难点问题。

(三)计划调控与市场调节相结合时期(1985~1997年)

改革开放以来,我国经济得到了迅速恢复和发展。经济体制改革最早在农村展开。家庭联产承包责任制的实行,使得农民发展粮食生产的积极性大大提高,粮食生产取得了大丰收,粮食供需矛盾得到了有效的缓解。这一期间,粮食流通体制变化的最大特点是按照市场化原则,逐步放开我国粮食市场。这一阶段主要是对前面高度计划、高度垄断性的统购统销阶段所产生的问题进行了有针对性的改革,这其中既包括计划经济体制所带来的一般性问题,也包含了深入改革阶段所产生的新问题。这一时期,政府粮食政策的主要目标是减轻财政负担,刺激粮食生产。根据不同阶段政府管制目标的侧重点不同,可以将这一时期的粮食流通体制演进再进行细分。主要表现为以下两个阶段:

第一阶段(1985~1993年):这一阶段,政府粮食政策目标主要是减轻财政负担。1984年,我国粮食出现了全面过剩,这在新中国成立以来是从没有过的。与此同时国有粮食部门的收购能力却相当不足,价格倒挂使得国有粮食部门亏损严重,政府财政补贴日益不堪重负。1984年国家粮油财政补贴支出占当年财政总支出的13.5%。遏制财政补贴支出的继续增加可能是建立"双轨制"的直接原因。

这一阶段粮食流通体制改革围绕缩小政府管制范围,扩大市场调节权限而展开。具体表现在两个方面:第一,取消粮食统购,合同定购和市场收购并存。1985年1月,《中共中央、国务院关于进一步活跃农村经济的十项政策》出台,要求从当年起,国家取消对粮食的统购派购,实行合同定购,合同定购之外的粮食可以自由上市进行交易。然而从1985年起,我国粮食生产出现了连续四年的徘徊局面,粮食市场供需矛盾突出,粮食市场价格不断上涨。在这种情况下,1990年国家为了掌握足够的粮源,不得不大幅度提高粮食合同定购价格,同时把"合同定购"改为"国家定购",强调合同定购任务的完成是每个农民应该承担的国家义务。第二,取消粮食统销,居民可以到市场上自由购买所需粮食,实行粮食销售市场化。在不断提高粮食定购价格的同时,粮食统销价格却在1966~1990年的25年时间里长期维持不变,这导致取消超购时,定购价格高于统销价格65%,而1990年这一比例更是高达75%。日益严峻的粮食购销价格倒挂问题,使得政府财政负担日益沉重,也妨碍了进一步的粮食政策改革。因此,粮食销售政策的改革成为政府必须面对的问题。1991年,政府将城市居民粮食统销价格提高50%。在此基础上,1992年政府分别将粮食定购价格和统销价格提高20%和50%,从而实现了购销同价。与此同时,政府财政只补贴国有粮食企业的经营费用，取消价格补贴，对城市消费者的价格补贴由暗补改为明补。到了1993年的下半年，全国各地基本上取消了统销制度，拥有40年历史的粮票也相应退出了历史舞台。统销政策的取消扭转了以消费者为中心的政策倾向，具有重大意义。

同时，为了提高农民的种粮积极性，切实解决农民"卖粮难"问题，加强政府对粮食市场的宏观调控，1990年9月政府建立了国家专项粮食储备制度，同时为了加强国家对粮食储备的管理，政府组建了国家粮食储备局。1990年10月，我国第一家国家级粮食批发市场——郑州粮食批发市场建立了起来。

这一阶段政府粮食管制政策虽然在一定程度上达到了减少财政负担的效果，但是由于政府粮食政策的直接目的是急于减轻日益沉重的财政补贴包袱，因而粮食政策缺少一定的协调性以及合理性，粮食购销市场化改革以后，政府并没有做好有效地承担粮食市场调控责任的准备。尽管1990年政府建立起了国家专项粮食储备制度，但在专储制度并不灵活有效的前提下，政府为了减少财政补贴，将具备后备储备功能的国家周转库存推给了国有粮食企业，一定程度上削弱了其调控粮食市场的能力。

第二阶段（1994～1997年）：这一时期，粮食政策的主要目标是刺激粮食生产，保障城市居民粮食需求。1993年下半年粮食市场价格大幅上涨，为了保障对城市居民的粮食供给，政府再次决定对粮食收购市场进行管制。为了掌握粮源、完成定购任务，政府于1994年和1996年先后两次提高定购价格，分别将定购价格提高了30%和40%。同时，政府在借鉴分税制改革做法的基础上，在粮食管理体制方面实行了中央和地方分权。这主要表现为：①为了有效地落实1993年2月实行的粮食收购保护价政策，在1994年建立了中央和地方两级粮食风险基金制度；②1995年实行了"米袋子"省长负责制，让各个省份自己承担起本地区粮食安全和市场稳定的责任，减轻中央财政的负担。

1993年下半年粮食市场价格大幅上涨，使得原定于1994年实施的"保量放价"政策并没有得到执行，而政府为了掌握足够的粮源，完成粮食收购的任务，必须大幅提高粮食价格，这样使得本来要削减的财政补贴又迅速增加。这一阶段的粮食政策由于现实情况的变化背离了政府削减财政补贴的初衷，政府重新加强了对市场的控制，出现了市场化改革的阶段性倒退现象。

（四）粮食购销市场化改革时期（1998年至今）

随着中国特色社会主义市场经济的不断发展，我国工业化建设取得了许多令人瞩目的成绩。20世纪90年代后期，由于政府不断提高粮食收购价，我国粮食产量不断增长，1996年粮食产量突破了5亿吨，粮食安全的保障程度也在不断提高。为了进一步提高农业以及农村经济发展的质量与效益，政府采取了工业反哺农业的政策。粮食的丰收导致了市场粮食价格的长期低迷，国有粮食企业面临着巨大的亏损，政府财政负担不断提高。这一时期政府粮食政策的主要目标在于增加农民收入，减轻财政负担。政府采取了诸多改革措施全面放开粮食市场，促进粮食流通，提高粮食补贴的运行效率，并进一步推进国有粮食企业自身改革。根据不同的政策手段，可以将这一时期分为三个阶段。

（1）"三项政策，一项改革"阶段（1998～2000年）。国务院于1998年6月召开全国粮食购销工作电视电话会议，强调实行"三项政策，一项改革"是改革的重点，即国有粮食购销企业按保护价敞开收购农民余粮，粮食收储企业实行顺价销售，农发行粮食收购资金封闭运行，加快国有粮食企业自身改革。同时，为了规范粮食市场的购销秩序，政府在有关立法方面也做了大量工作，如国务院分别于1998年6月、8月发布了《粮食收购条例》、《粮食购销违法行为处罚办法》。为了增强政府对粮食市场的宏观调控能力，政府在2000年组建了中国储备粮管理总公司，对中央储备粮实行垂直管理。

（2）"放开销区、保护产区、省长负责、加强调控"阶段（2000~2004年）。从2000年开始，南方早籼稻、北方春小麦、江南小麦、长江流域及其以南地区的玉米退出保护价收购范围，并采取有效措施拓宽上述粮食品种收购渠道，进一步加强对未退出保护价收购范围的地区的市场管理工作[9]。2001年，北京、天津、上海、江苏、浙江、福建、广东、海南8个粮食主销区及部分产销平衡区放开粮食收购市场，一些主产区也放开了部分粮食品种的收购，如2000年湖北省除了中晚籼稻外，其他粮食品种都退出了保护价收购范围。

（3）"放开收购市场，直接补贴粮农，转换企业机制，维护市场秩序，加强宏观调控"阶段（2004年至今）。2004年5月，《国务院关于进一步深化粮食流通体制改革的意见》明确要求，从2004年起全面放开粮食收购市场，实行"放开收购市场，直接补贴粮农，转换企业机制，维护市场秩序，加强宏观调控"的政策，积极稳妥推进粮食流通体制改革，完善粮食价格形成机制，实现粮食购销市场化和市场主体多元化；建立对种粮农民直接补贴的机制，对种粮农民实行粮食直补、良种补贴、农机具购置补贴、农资综合补贴等政策；此外，为了更好地保护农民利益，对重点地区、重要粮食品种实行了最低收购价政策。2014年中央政府决定在大豆和棉花的主产区东北、内蒙古以及新疆等地试点粮食目标价格补贴政策，积极探索农产品价格的市场形成机制。

三、我国粮食流通体制演进过程的特征分析

回顾我国粮食流通体制演变的过程，不难发现粮食流通体制的演变是政府主导下的一个强制性制度变迁过程。我国粮食流通体制的演变经历了以下四个时期，分别是自由购销时期、统购统销时期、计划调控与市场调节相结合时期以及粮食购销市场化改革时期。不同时期粮食流通体制改革的措施紧密围绕政府管制的政策目标而展开，体现出了不同的侧重点。主要表现了以下几点特征：

（1）我国粮食流通体制的演进历程与我国经济发展战略高度吻合，与我国宏观经济体制的变革相适应。我国经济发展的战略由"优先发展重工业"变为了"工业反哺农业"，粮食管制的目标也从之前的"为工业化建设积累资金，保障城市消费者需求"发展到了后来的"增加农民收益，刺激粮食生产"；我国经济体制主要经历了社会主义过渡时期、社会主义计划经济体制时期、计划和市场相结合的"双轨制"时期以及社会主义市场经济体制时期，相对应的我国粮食流通体制的演进大体经历了自由购销时期、统购统销时期、计划与市场调节相结合的价格"双轨制"时期以及购销市场化改革时期。

（2）粮食流通体制演进的不同阶段，政府粮食政策目标关注的侧重点有所不同。总体来说，我国粮食流通体制的演变都是围绕"保障粮食供给、确保国家粮食安全及保护粮农利益"这一系列政府粮食政策目标进行的。但在自由购销时期，政策目标的侧重点主要是稳定粮价，稳定粮食市场，巩固新生政权；在统购统销时期，则表现为社会主义工业化建设提供资金积累。在这一时期又分为两个阶段，以改革开放为分水岭，前期更加注重保障城市居民利益，后期则注重保护农民利益；在计划调控与市场调节相结合时期，则

主要是减轻财政负担，刺激粮食生产；在粮食购销市场化时期更加注重增加农民收入，减轻财政负担。

（3）改革开放以来，我国粮食流通体制改革始终坚持市场化的方向。粮食收购"双轨制"政策设计，打破了僵化的统购统销体制，开始将市场机制引入粮食供求，政府开始对市场经济条件下如何保护种粮农民利益、稳定粮食生产、加强粮食市场调控、保障国家粮食安全等问题进行了初步探索，为进一步深化粮食流通体制市场化改革奠定了基础；粮食购销市场化改革，实现了粮食购销市场化和市场主体多元化，完善了粮食价格形成机制，改进了对种粮农民补贴形式，使得国有粮食企业改革继续深化，粮食宏观调控体系不断健全。到今天，粮食流通市场化改革已取得了重大进展，有力地促进了我国粮食生产的发展和农民收入水平的提高，保障了我国的粮食安全。

（4）改革开放以来，我国粮食流通体制的改革是一种渐进式的改革。我国的粮食流通体制的演变是政府主导下的一个强制性制度变迁过程，这一制度变迁是渐进性的，是政府与粮食生产者、粮食流通企业以及粮食消费者等市场主体进行博弈和利益重新分配的过程，还是政府、生产者、消费者三者之间的权力与义务交易和重新界定的过程[10]。改革所面临的问题，既包括计划经济体制下的遗留问题，也包括不断改革中所导致的问题，还包括新形势下产生的实际问题，因此粮食流通体制改革所面临的问题十分复杂，相互交织。其改革是一项系统工程，涉及粮食购销市场、不同粮食品种问题、粮食价格问题以及粮食产销平衡区之间的利益协调问题等诸多方面，这就要求每项改革措施的出台都必须经过再三论证，并且采取先试验再推广的模式进行操作。

（5）在当前的市场经济条件下，粮食价格的稳定逐渐成为政府的一个重要的管制目标。在改革开放之前的统购统销时期，粮食价格完全由政府控制，所以也就没有粮食价格波动问题。随着经济体制市场化改革的不断推进，粮食市场价格波动问题也日益突出。而粮食价格作为"万价之基"，对市场总体物价的稳定和宏观经济的运行具有重要影响，因此在深化粮食流通体制市场化改革的大背景下，健全和完善政府的粮食宏观调控体系，稳定粮食市场价格日益成为政府粮食管制的一个重要目标。

四、结论与启示

本文基于政府管制的视野，从粮食政策的目标、手段与效果出发，重新梳理了我国粮食流通体制演变过程。研究认为可以将我国粮食流通体制的演进过程大体划分为自由购销时期、统购统销时期、计划调控与市场调节相结合时期以及粮食购销市场化改革时期。就粮食流通体制演进的总体方向来看，大致具有以下几个特点：第一，我国粮食流通体制的演进历程与我国经济发展战略高度吻合，与我国宏观经济体制的变革相适应；第二，粮食流通体制演进的不同阶段，政府粮食政策目标关注的侧重点有所不同；第三，改革开放以来，我国粮食流通体制改革始终坚持市场化的方向；第四，我国粮食流通体制的改革是一种渐进式的改革；第五，在当前的市场经济条件下，粮食价格的稳定逐渐成为政府的一个重要的管制目标。

通过对我国粮食流通体制演进历程和阶段特征的分析，本文得到了以下几点启示：首先，继续深化以市场化为取向的粮食流通体制改革是历史的必然要求和发展方向。建立新的粮食流通体制，是一项复杂的系统工程。应积极推进粮食目标价格政策的试点工作，不断完善粮食价格形成机制。应加快推进国有粮食购销企业改革,规范其产权,使之成为真正的市场主体。不断推进全国性的粮食市场和信息体系建设,充分发挥市场在粮食资源配置中的决定性作用。其次,进一步明确政府粮食政策的目标取向。不同粮食政策目标往往是相互冲突的,政府应该正确处理粮食管制的长期目标和短期目标、长期利益和短期利益的关系。政府的粮食政策要制度化、常态化,要具有持续性和可测性,从而稳定各市场主体的预期,促进粮食生产、流通和消费的稳定协调发展。最后,不断完善我国粮食流通法制化建设。粮食流通法律法规体系建设是我国粮食流通体制市场化改革的题中之意,也是其重要保障。相关部门需认真总结我国的粮食法制建设和行政执法情况,在已颁布实施的《粮食流通管理条例》和《中储粮管理条例》基础上,尽快出台《粮食法》。地方政府应积极推进粮食流通立法和配套制度建设,比如粮食收购资格管理办法、地方储备粮管理办法、突发粮食事件应急办法、粮食经营者最低和最高库存量标准、粮食销售出库质量检验制度、粮食流通统计制度等,切实提高粮食工作者的依法行政水平。

参考文献

[1] 丁奕. 粮食流通体制向市场经济转变的过程分析及启示 [J]. 乡镇经济, 2004 (2): 17–19.
[2] 柯炳生. 粮食流通体制改革与市场体系建设 [J]. 中国农村经济, 1998 (12): 25–30.
[3] 曾国安. 管制、政府管制与经济管制 [J]. 经济评论, 2004 (1): 93–103.
[4] 茅铭晨. 政府管制理论研究综述 [J]. 管理世界, 2007 (2): 137–150.
[5] 当代中国粮食工作史料 [M]. 北京: 商业部当代中国粮食工作编辑部, 1988.
[6] 当代中国的粮食工作 [M]. 北京: 中国社会科学出版社, 1988.
[7] 韩志荣. 粮价改革增税放价的路子不可走 [J]. 农业经济问题, 1992 (4): 12–16.
[8] 曹宝明. 中国粮食流通市场化改革进程分析 [J]. 江苏社会科学, 2001 (4): 23–30.
[9] 王双正. 粮食流通体制改革30年: 回顾与反思 [J]. 财贸经济, 2008 (11): 111–127.
[10] 王德文, 黄季焜. 中国粮食流通体制改革: 双轨过渡与双轨终结 [J]. 改革, 2001 (4): 99–106.

Analysis on the Evolution of China's Grain Circulation System: Based on the Target, Means and Performance of Government's Regulation

WU Wen-tan, ZHOU Zhou

(*Institute of Food Economics of Nanjing University of Finance and Economics, Nanjing 210003, China*)

Abstract: This paper attempts to start from the target, means and performance of government's food policys to review the evolution of China's grain circulation system based on the perspective of government regulation. The study found that the evolution of China's grain circulation system can be divided into four different periods. Since the policy objectives which government focusesin different periods are different, the measures and effects of grain circulation system reform are also different. And then this paper analyzes the characteristics of the evolution of China's grain circulation system, and has got some advice on the further deepening of the reform of China's grain circulation system.

Key Words: grain circulation system; evolution; characteristic; government regulation

粮食流通体制改革的制度经济学分析

刘洪辞[1] 查婷俊[2]

(1. 武汉大学 经济与管理学院，武汉 430072；2. 南京大学，南京 210003)

摘 要 从制度经济学的"路径依赖"角度对我国 1949 年至今的粮食流通体制改革进行分析的基础上，可以将我国粮食流通体制改革分为三个阶段：第一阶段是 1949~1977 年间的自由购销到统购统销阶段；第二阶段是 1978~1997 年间的统购统销到价格双轨制阶段；第三阶段是 1998 年至今的粮食购销市场化阶段。这三个阶段的粮食流通体制改革是国家在权衡解决私有粮食企业、国有粮食企业以及农民之间的矛盾，以确保粮食生产、流通和消费领域安全的制度选择。由于这其中强大的内外部因素的限制，因此在制度改革中不可避免地存在"路径依赖"。通过分析我国粮食流通体制改革几经反复背后的制度经济学原因，旨在打破这种"路径依赖"，为实现政府调控下的粮食流通市场化的最佳体制提出了注重长期绩效、减少企业对政府补贴的依赖等建议。

关键词 粮食流通体制；制度经济学；路径依赖

一、引言

自新中国成立以来，我国经历了多次粮食流通体制的重大改革，而在每种流通体制的框架之下，国家结合粮食市场上存在的各种现行问题，又不断地提出改良政策以完善该项制度。自 1982 年至今，中央政府已经先后出台了 15 个关于农村工作的"一号文件"，虽然这些文件并不是针对粮食行业专门发布的，但是粮食问题存在于农业问题之中，也是农业问题的核心，政府对于农业问题以及粮食问题的关注足以说明其重要程度。2012 年 7 月，国家发布的《关于深化流通体制改革加快流通产业发展的意见》，首次将流通产业定义为国民经济的先导产业、基础产业和支柱产业，提出建立起"统一开放、竞争有序、安全高效、城乡一体"的现代流通体系目标。粮食流通连接着粮食生产和消费，作为商品流通产业的重要组成部分，也面临着由传统、落后的流通产业向现代、先进的流通产业的转型需求，这就意味着，需要在粮食流通市场化的大前提下，不断推进改革，深化粮食产业的市场化程度，建立新型的现代化粮食流通体制。

无论是体制的根本变革还是实践中的改良，这都是我国粮食流通制度变迁的过程，丁奕也指出，"粮食流通体制的转变过程实质上是制度的变迁过程"[1]。而"制度变迁具有路径依赖的性质"[2]，从经济学的角度看，制度变迁的路径依赖是指一种制度一旦形成，

收稿日期：2013 - 09 - 25

作者简介：刘洪辞（1962—），男，河南范县人，经济学博士，研究员，研究方向：产业发展理论与政策；查婷俊（1989—），女，江苏南京人，经济博士研究生，研究方向：产业转型升级研究。

不管是否有效，都会在一定时期内持续存在并影响其后的制度选择，而对历史路径的依赖，就可能导致现行体制的无效率[3]。从粮食流通体制的角度看，自新中国成立初期开始，我国就始终面临着粮食短缺的危机，无论是在新中国成立初期及其后很长一段时间内的总量型供给不足，还是多元化需求的今天所存在的结构型供给不足，都决定了政府始终是粮食市场供求与价格的有力调控者。尽管在我国放开粮食市场管制的三十多年里，粮食流通产业不断趋于市场化，但是在不成熟的市场经济体系中，消费者、粮食生产加工者与政府之间的博弈，往往又造成了本身就处于弱质地位的粮食行业的低效率，加之政府对于粮食流通体制改革的路径依赖，又导致了我国粮食行业市场化进程中不断出现反复的特殊现象，针对这一现象，张孝芳从制度经济学的路径依赖视角分析了我国粮食流通制度多次出现反复的原因主要是社会意识的刚性束缚、政府目标的多重性与模糊化、政治的集体本质，并分别从这三个方面展开论述[4]；苟兴朝针对我国粮食流通体制变迁的过程进行研究，认为这是一个以强制性和诱致性制度变迁相结合的制度变迁过程，也是国家利益逐步退出农村，承认农民对剩余产品的索取权过程[5]；而魏丹、韩晓龙通过分析我国改革开放以来粮食改革的动因，认为粮食流通体制所经历的"几收几放"是政府力量和市场力量博弈的结果[6]。

国内学者对于粮食流通体制的研究多是以1978年改革开放为时间节点，主要针对粮食改革开放三十多年的粮食流通市场化体制进程进行分析，却没有考虑到，粮食问题是自古以来就存在的问题，"深挖洞，广积粮"的历史遗训一直都在，新中国经历内忧外患的战争长达数十年，粮食流通体制变迁的路径依赖早在新中国成立最初就已经存在了。新中国成立初期的资本原始积累不足，激进的工业化发展，使得粮食流通体制也在整个社会经济体制下几经反复，历史选择的必然性和偶然性为我国之后的粮食流通体制改革埋下了路径依赖的伏笔。基于此，本文将1949年新中国成立作为时间节点，对自新中国成立以来的粮食流通体制的大小改革进行制度经济学视角的简析，力求以史为鉴，并通过分别分析导致制度变迁的内生因素和外生因素，探究我国粮食流通体制改革路径依赖背后的原因，并为我国日后粮食流通市场体制改革的深化提出相关建议。

本文共分为五个部分，安排如下：第一部分为引言。第二部分到第四部分将我国粮食流通体制改革分为三个重大改革阶段，分别是：1949~1977年，从自由购销到统购统销；1978~1997年，从统购统销到价格双轨制；1998年至今，粮食购销市场化。第五部分即本文的总结与对策建议部分。

二、1949~1977年，从自由购销到统购统销

（一）统购统销制度产生的内因分析：粮食危机形势紧迫

分析从自由购销转向统购统销的制度形成的内因时，必须要考虑粮食制度内部的不协调因素，这也是引发粮食流通体制改革的根本原因。

（1）新中国成立之初，中国刚刚彻底摆脱了反侵略战争，但全国性的解放与土地改革仍在继续。在这一阶段内，由于国家刚刚实现统一，经济建设尚在初步筹划阶段，粮食市场上也存在着多种经济成分：一方面，中央政府自上而下迅速成立了国有粮食经营系统和管理组织体系，逐步收紧对粮食的集中统一管理；另一方面，私营粮食企业的合法经营仍然被认可。因此这时的粮食流通体制在地方呈现出自由购销的局面，但自由购销体制的

背后蕴含了国有粮食企业和私营粮食企业的利益冲突,这一潜在冲突中利益集团间的矛盾所代表的体制内部的不协调,成为日后粮食流通体制向统购统销过渡路径依赖的第一个内在因素。

(2)统购统销政策是中国政府为满足国家迅速工业化目标而采取的以低价向农民收购农产品的一种强制性制度安排,也是为了应对1953年出现的粮食短缺而出台的过渡时期的重要政策,工业化需求与粮食供求波动,都成为统购统销政策产生路径依赖的第二个内在因素。田锡全在对1953年粮食危机与统购统销政策之间关系的研究中,认为政府在酝酿采取统购统销政策时,从一开始就把它作为过渡时期总路线的一部分来对农民进行社会主义改造[7]。而在此之前,我国粮食行业私营企业多,管理难度大,使得制度安排的成本巨大,这对于新中国成立初期的政府来说是一项沉重的负担,农民的分散性与广泛性,更增加了统一管理的难度,因而从一开始,粮食流通的体制改革就不是单纯的经济问题,而更多的是出于对政治安全与国家战略的考虑。

(二)统购统销制度产生的外因分析:模仿苏联的制度选择

(1)经历了抗日战争到解放战争的洗礼,新中国在成立初期就意识到农民是革命取得胜利的主要群众基础,从1941年就开始的三次不同阶段的土地改革为新中国成立后的土地改革积累了经验也铺平了道路,土地改革的政治目的虽然由原先的激励广大农民积极抗战转变为解放广大农民、保卫战争胜利果实,但其实质都是为了巩固、维护政权。与此同时,通过调整公私经营范围和调整批零、地区差价来限制和改造私营粮食企业,不断扩大国家对粮食供给的控制力,以此来应对在新中国成立初期的粮食短缺,满足广大人民的"口粮"需求。因此,在土地改革方面,1950年刘少奇作了《关于土地改革问题的报告》,阐明了土地改革的重大意义和党的方针政策;而在粮食企业经营方面,政务院又成立全国统一的粮食经营和粮食管理领导机构——粮食管理总局。1952年,原贸易部的粮食公司和原财政部的粮食总局合并,成立了粮食部。自此,土地改革与粮食企业改革使得粮食流通体制为迈入统购统销阶段做好了准备,因此,这也成为统购统销体制形成路径依赖的重要外部因素之一。

(2)1953年是新中国历史上重要的一年,这一时期表现出了"地缘战略"约束下的国家工业化"路径依赖"[8],统购统销政策的制定受到当时全盘苏化的思潮影响,面对经济刚刚起步的新中国,统购统销能够实现政府集中力量办大事的意愿,努力使得以粮食为主的农业产业为重工业的发展提供有力保障,工业化脚步惯性地大步迈进使重工业成为这一时期的经济支柱,因此在这一以农养工的时期,苏联余粮征集制和义务交售制的粮食购销体制就成为统购统销政策的主要参考模板。

三、1978~1997年,从统购统销到价格双轨制

1978年是中国改革开放元年,当时国内的经济不景气,也使得中国必须走上开放的道路。在整个经济开放的背景下,粮食虽然作为重要的战略保护资源,也不得不逐步放开国家管制,改革开放前几年的社会、经济、政治形势的变化,已经为改革开放后粮食统购统销制度的调整与终结准备了条件[9]。这一阶段,也是统购统销的松动与解体的重要转折阶段。统购统销政策的放松、国家管制的逐渐放宽、家庭联产承包责任制的施行,都使得粮食购销逐渐向市场化靠近。本小节将双轨制产生的原因细分为两个部分,来对逐步放

宽的统购统销政策进行路径依赖的原因分析。

（一）双轨制产生的内因分析：家庭联产责任承包制的发展

从整个经济制度的背景看，原有的经济制度也就是计划经济制度的弊端不断暴露，已经无法带动经济的正常发展，政府需要进行经济体制改革。而当时广大农民纷纷实行包产到户的生产方式，并获得丰收。为了国家的经济发展，为了获取广大人民群众的支持，政府大力推进了家庭联产承包责任制。

首先，双轨制之前的粮食生产家庭联产承包责任制的成功，使得粮食产量迅速增长，粮食多了卖不出去，因此政府才希望借助一部分市场的力量化解"卖粮难"问题，这成为家庭联产承包责任制诱导双轨制出现的一个重要制度因素。

其次，家庭联产承包责任制产生时的地缘政治因素对于诱导双轨制产生同样起了重要的作用。与苏联关系的破裂，中美、中日外交关系正常化都使得统购统销的粮食流通体制受到一定程度的质疑。伴随着国家连续出台的促进农村经济制度发生积极变革意义的政策，粮食产量和农民收入得到同步提高，城市经济危机也逐渐缓和，这使得家庭联产承包责任制在更大范围内得以推行，并取得成功。因此，毫无疑问，这次以家庭联产承包责任制为主的统购统销制度的初步改革和调整，为之后的统购统销逐步解体、双轨制逐步建立奠定了制度基础。

（二）双轨制产生的外因分析：市场化改革的要求

1985年1月，中共中央、国务院发出《关于进一步活跃农村经济的十项政策》，其中第一项就是改革农产品统购派购制度[10]。由此开始，统购统销逐步退出历史舞台，而双轨制也开始正式实施。粮食双轨制是政府进一步放开粮食购销的重要举措，被定义为粮食购销和价格双轨制，农民形象地称为"稳一块、活一块"，即政府的收购量和价格是"稳"的，而市场的收购量和价格则是"活"的[11]。双轨制的实施又具有鲜明的路径依赖特征。

首先，双轨制产生于统购统销政策下农民种粮积极性不高、粮食供求缺口巨大的背景之下。在1978～1979年，中国财政赤字达到历史新高，然而由于农村集体化趋于解体，向农村的危机"转嫁"未能实现。统一管理的难度以及其所带来的高昂制度成本，从放开粮食一定的管制权中就可窥见一斑，其中也表达了国家希望借此甩开"三农"包袱的诉求。但由于统购统销制度延续二十多年来形成了巨大的沉没成本，完全放开统购统销政策并不可能，由此双轨制成为粮食流通体制改革过渡的一个重要阶段。

其次，从政府角度看，双轨制保留了政府对粮食统购统销的部分权力，且给予地方政府从价格差中获取利润的动机，因此制度的提出受到了各省市的积极响应。从私营粮食企业看，企业得到了相对宽松和自由的市场环境，这是在原先的统购统销中所无法获得的，因此制度的提出也受到了粮食私营企业的欢迎。基于此，双轨制可以看作是政府与企业利益双方博弈的均衡结果，因而这一具有强烈统购统销路径依赖的制度得以产生。

最后，国家开始重视价值规律的作用，随着改革开放进程的不断深化，各级政府也都逐步认识到计划管理体制的弊端，主张权力下放，允许商品经济关系存在于发展，提出了对经济体制进行改革，不断矫正长期扭曲的价格体系，外部的宏观经济环境也不断向市场化发展，这也正是双轨制产生的经济背景。

四、1998年至今，粮食购销市场化

（一）计划经济"复辟"的原因分析：购销价格倒挂，财政负担过重

伴随"双轨制"所产生的粮食购销价格倒挂问题，使得原本在改革开放之后就不堪财政赤字的政府更加无法面对粮食行业市场化的重负，改革的成本大大地超出了政府可以承受的范围，"合同订购"渐渐变成为"国家订购"，也使得这一阶段的粮食购销双轨制几经反复，这在很大程度上都是由于统购统销制度的路径依赖，中央政府不放心地方、地方不放心群众，利益没有下放，但来自上级的压力却在逐层向下，新制度变迁形成"契约成本"以及"时间成本"的耗费，双轨制实行期间对于"量"和"价"的不同步放开，让原本希望通过开放粮食市场来促进农民消费，减轻国家负担的理想成为奢望，不减反增的财政赤字说明了这一阶段的粮食流通体制改革并没有彻底打破对传统政策的路径依赖，城市利益集团与农村利益集团的博弈并没有找到最优解，使得政策不断反复，却始终不能从根本上解决问题。

针对这一点，曹宝明认为对于粮食实行长期的高度计划管制不利于粮食消费需求的质量改进和粮食生产的增长与发展，也不利于中国经济的市场化改革及其迅速国际化的进程，而市场化的粮食体制的最终实现也是需要时间和过程的[12]，因此他指出了计划与市场相结合的所谓"混合经济"模型，其在发达国家所取得的成功为发展中国家提供了经验。

1998年初，中共中央、国务院在中发2号文件中提出"四分开"，即实行粮食系统政企分开、储备与经营分开、中央与地方责任分开、新老粮食财务挂账分开。同年下半年，又进一步推出"实行顺价销售、农发行收购资金封闭运行、按保护价敞开收购农民余粮，深化国有粮食企业改革"。尽管初衷都是希望开放粮食市场，但这些措施始终没有达到1992年"粮改"政策中所谓"粮食商品化、经营市场化"的高度[13]。这一次的粮食流通体制的改革给了国有粮食企业逆向选择的机会。而这一阶段，也是粮贩子横行的阶段，他们抓住了农民是市场上信息不充分的一方的弱点，低价收购粮食却"依法"顺价卖出，谋取利益。而如果想要整治管理这些现象，其组织成本与监督成本又非常高。以政府为主导的改革，利益主体又集中于国有粮食企业，想要改革更是难上加难。

将政府想要改革的决心和目标与政策进行对比，这种矛盾就显而易见了。在1998年之后，政府是下了决心要走市场化道路的，从"四分开一完善"的文件就可以看出。但是，在此之前双轨制带来的巨大亏空，政府部门的各种"白条"，财政赤字的巨大压力，东南亚危机的连带影响，又使得朱镕基总理在全国粮食流通体制改革工作会议上提出"要保证做到顺价销售，必须再次重申国务院的规定，只允许国家粮食收储企业到农村收购粮食，私商和其他企业一律不得直接到农村收购粮食"。这恰恰又是一次对于计划经济时期"统购"的复辟，这种粮食收购企业垄断地位的加强有着强烈的计划经济路径依赖特征。想要从农民手中"滴粮不剩"地完全收购，以抵制"影子市场"的收购来让垄断企业顺价销售稳定市场价格是完全的理想化方针，它没有考虑到传统的文化中"手中有粮，心中不慌"的根深蒂固，并且也忽略了具有垄断地位的粮食企业逐利的本质并不会消失，既然政企分开，那么顺价销售又怎么能让粮食企业有继续经营下去的动力呢？

（二）打破路径依赖的粮食流通体制全面市场化：对"三农"问题的重视

2004年是粮食市场全面放开的第一年，自此之后，我国粮食流通体制才算是真正走

上了市场化的轨道。粮食作为一种重要的战略储备，有着较一般商品更重要的战略地位，因此，要完全放开国家管制，彻底进入开放的国际市场是不可能的，在这一阶段也是国家在开放市场、深化改革的基础上强化调控、保证安全的阶段。

但是市场化的经济对种粮农民的要求较高，而中国的种粮农民多为个体经营，分散化程度高，管理起来成本巨大，且其受教育水平低，对市场的信息搜集能力弱，尤其是在参与国际竞争的时候处于绝对的弱势。针对这一特征，国家首先在2004年开始连续每年出台了"一号文件"，将"三农"问题放在了首位，并且在2006年全面取消了"农业税"，这是一次农业领域也是粮食领域的重大改革，农民也就此告别了"皇粮国税"的历史，这无疑是打破制度变迁"路径依赖"的最好例子。同时还探索建立对种粮农民直接补贴、农资综合补贴、良种补贴、农机具购置补贴、农业保险保费补贴等的补贴制度，最大限度地实施惠农富农的政策，但是粮食市场化的进程中还面临着许多的问题，例如跨国公司进入中国市场对于政策实施的干预；青壮年农民进城务工的数量增加导致种粮劳动力的流失；城乡二元结构加剧导致的种粮积极性不高并且无法通过补贴政策改善等。粮食流通的成本并没有降低，对于政府调控的依赖仍然存在，针对这些问题，国家粮食局也在《全国粮食市场体系建设与发展"十二五"规划》中提出"到2015年，形成以粮食收购市场和零售市场为基础、批发市场为骨干、粮食期货市场交易稳步发展，统一开放、竞争有序的现代粮食市场体系"这样的目标。

也正因为如此，粮食流通体制市场化还有很长的路要走，真正打破对过去政策的"路径依赖"，有创新性地提出政策化解"稳定市场"与"保护农民利益"之间的矛盾，得到效率与公平的最优解，应该成为未来我国粮食流通市场化的主要目标。

五、结论与对策建议

本文将自新中国成立以来的粮食流通体制改革主要分成了三个大部分，分别是：1949～1977年的统购统销阶段；1978～1997年的统购统销放开阶段；1998年至今的粮食流通市场化阶段。并从路径依赖的角度分析了每段时间内粮食流通体制形成的内在因素与外在因素，认为造成我国粮食流通体制改革不断反复的主要原因是农村利益集团在与城市利益集团的博弈中始终处于弱势地位，而从2004年开始才真正走上注重"三农"的彻底放开之路。本文的目的也就在于从历年改革中吸取经验教训，为粮食流通体制的市场化发展提供借鉴，以期在2004年逐步全面放开市场化之后，不再出现粮食"计划"与"市场"制度选择的反复，并为制度选择中减少路径依赖提出以下三点建议：

首先，粮食生产涉及气候、土壤等多方面因素，一个合理的粮食流通机制会对粮食生产产生良性引导，健康的粮食生产方式又会对环境产生良性影响，而粮食生产具有季节性、滞后性，所以对粮食生产的调控是一个具有长期绩效的过程，却又往往因为其不能立竿见影而不能符合利益集团的短期利益，这样的矛盾使得利益集团在博弈过程中往往只注重短期绩效而做出对粮食改革不利的集体选择。需要注意的是，只注重短期绩效往往会使得制度改革不断反复，各个利益集团为自己的利益而选择曾经对自己有利的制度变迁方向，因此在进行粮食市场化建设的过程中，加强对长期绩效的重视是必不可少的。

其次，意识形态是由相互联系、包罗万象的世界观组成的，但凡成功的意识形态都必须解决"搭便车"的问题，其基本目标在于给予各种集团以活力，使它们能对简单的享乐主义和个人主义的成本和收益采取相反的行为，从而可以节约交易费用[14]。农民在中国的分布广而且非常分散，管理很难且成本巨大，"搭便车"现象难以控制，因此要想在制度改革中合理地逐层改革，需要在意识形态层面逐渐加强管理，而不是相互推卸责任或者"搭便车"，以此保证每个利益集团都能够在博弈中获得最优的结果，而这样选择的最优结果往往都是摆脱了过去制度种种弊端的结果，以此达到打破路径依赖的目的。

最后，对于粮食企业要加强创新建设，减少企业对于国家补贴和支持的依赖。由于体制惯性，政府习惯于直接的行政命令式的干预，适应市场经济条件下的调控体系还没有完全建立起来[15]。本文认为，中国粮食流通体制改革不断出现"反复"的怪现象，其实是因为政府与企业都不能摆脱对过去制度的路径依赖，要真正做到创新，就要求企业在增强市场化竞争力的同时，还要在与农民这样的弱势群体博弈中多为他们考虑，把握种粮农民的行为偏好，以此创收创利，达到双赢的效果。

参考文献

[1] 道格拉斯·诺思. 经济史中的结构与变迁 [M]. 上海：三联书店，1991.
[2] 丁奕. 粮食流通体制向市场经济转变的过程分析及启示 [J]. 乡镇经济，2004（2）：17-19.
[3] 卢现祥，朱巧玲. 新制度经济学 [M]. 北京：北京大学出版社，2007.
[4] 张孝芳. 粮食流通体制变迁中的政府逻辑 [J]. 东岳论丛，2005（3）：178-181.
[5] 苟兴朝. 新制度经济学视角下的我国粮食流通体制变迁研究 [J]. 乐山师范学院学报，2010，25（7）：107-110.
[6] 魏丹，韩晓龙. 从新制度经济学角度对我国粮食流通体制改革的思考 [J]. 广东农业科学，2013（9）：197-199.
[7] 田锡全. 1953年粮食危机与统购统销政策的出台 [J]. 华东师范大学学报（哲学社会科学版），2007，29（5）：54-59.
[8] 温铁军. 八次危机 [M]. 北京：东方出版社，2012.
[9] 顾国花. 松动与解体：粮食统购统销制度研究（1978-1985）[D]. 华东师范大学，2011.
[10] 彭新万. 粮改30年：新制度经济学视域中的制度演进与农民收入变动 [J]. 江西财经大学学报，2009（1）：54-60.
[11] 陈锡文. 中国农村改革：回顾与展望 [M]. 天津：天津人民出版社，1993.
[12] 曹宝明. 论粮食市场化改革 [J]. 粮食经济研究，1994（1）：20-26.
[13] 财经界. 新中国粮食流通体制改革历程 [EB/OL]. http：//www.ce.cn/ztpd/hqmt/gnmt/cjj/more/200504/12/t20050412_3585312.shtml.
[14] 陈文辉，冯海发，石通清. 农民与工业化 [M]. 贵阳：贵州人民出版社，1994.
[15] 徐建玲. 国有粮食企业改革历程研究 [J]. 南京财经大学学报，2008（3）：24-27.

Institutional Economics Analysis of Food Circulation System Reform

LIU Hong-ci[1], ZHA Ting-jun[2]

(1. School of Economics and Management, Wuhan University, Wuhan 430072, China;
2. Center for Food Security and Strategic Studies, Nanjing University of
Finance and Economics, Nanjing 210003, China)

Abstract: This article analyze the food circulation system reform since 1949 in our country's through the institutional economics perspective which mainly from the "path dependence" of institutional change, and divided the grain circulation system reform in our country into three phases, the first stage is from 1949 to 1977, this stage is the process from free market to the unified purchase and supply; The second phase is from 1978 to 1997, the unified purchase and supply to price double track; the third stage began since 1998, this stage is the marketization stage. The reform of these three stages of grain circulation system is aimed at alleviating the contradiction between the private food enterprises, state-owned grain enterprises and farmers, in order to ensure the safety of the food production, circulation and consumption, so "path dependence" is inevitable in the reform. So this paper hope to explore the hiding institutional economics reasons why Chinese food circulation system reform repeated several times, in order to break the "path dependence", then not only to give suggestions in order to realize the best system of the marketization of food circulation system under the government regulation, but also make foundation to ensure national food security under the market system.

Key Words: food circulation system; institutional economics; path dependence

市场化条件下粮食价格形成机制及调控策略分析

李光泗[1,2]

(1. 南京财经大学 粮食安全与战略研究中心, 南京 201003;
2. 南京财经大学 粮食经济研究院, 南京 201003)

摘 要 随着我国粮食流通管理体制改革逐步深入, 我国粮食流通体系发生了根本性变化, 粮食流通市场化体系基本形成, 粮食价格的市场形成机制发生深刻变化。在市场化条件下, 粮食市场价格形成机制更加复杂, 粮食生产与消费预期因素对粮食市场影响更加明显。研究结合我国粮食流通体系市场化特点, 阐述市场化条件下粮食价格形成机制, 并结合粮食市场波动的阶段性特征, 详细分析了不同阶段粮食价格宏观调控途径及调控重点。

关键词 市场化; 粮食价格; 形成机制; 调控

随着我国粮食流通管理体制改革逐步深入, 我国粮食流通体系发生了根本性变化, 粮食流通市场化体系基本形成, 粮食价格的市场形成机制发生深刻变化。在市场化条件下, 粮食市场价格形成机制更加复杂, 粮食生产与消费预期因素对粮食市场影响更加明显。

一、我国粮食市场体系发展历程

我国粮食市场体系的发展历程是与改革开放历程相吻合的, 在不同的阶段表现出不同的特征。随着我国粮食流通管理体制逐步演变, 粮食资源的配置方式也随之变化, 经历了由完全计划配置、计划配置与市场调节相结合到以市场调节为主的几个阶段, 粮食市场也走过了恢复发展、较快发展和市场体系初步形成几个主要阶段。

(一) 粮食市场恢复发展阶段 (1978~1989年)

十一届三中全会后, 国家开始开放集市贸易, 允许农民自主出售多余农产品, 农产品集贸市场逐步恢复和发展。虽然粮食一直是以国家计划购销为主, 但是集贸市场的粮食自由贸易也有所增长, 仅1983年就已达到91.5亿公斤, 比1978年增加了2.66倍。1984年中央一号文件指出, 大中城市在继续办好农贸市场的同时, 要有计划地建立农副产品批发

收稿日期: 2012-06-28

基金项目: 国家自然科学基金青年科学基金项目"基于农户吸收能力约束视角的农业引进技术转化效率与应用绩效研究"(No.71203087)、教育部人文社会科学青年基金项目"外资进入、市场结构冲击与粮食产业安全研究"(No.12YJC790092)、江苏高校优势学科建设工程资助项目、江苏省高校哲社重点研究基地项目。

作者简介: 李光泗 (1980—), 男, 江苏泗洪人, 管理学博士, 副教授, 研究方向: 粮食经济理论与政策。

市场，有条件的地方要建立沟通市场信息、组织期货交易的农副产品贸易中心。此后，粮食批发市场和贸易中心等有了初步发展。1988年国务院《关于加强粮食管理稳定粮食市场的决定》中明确"逐步建立粮食批发市场，有秩序地组织市场调节"，"要建立在国家领导下的小麦、玉米、大豆批发市场，组织产销直接见面。省间调剂必须进场成交，价格由供求双方议定"。这一时期，粮食集贸和批发市场都有了一定恢复和发展，但市场发育仍然是在计划经济体制总体格局下展开的，粮食供求以行政调节为主，交易方式仍比较低级，市场对粮食资源的配置作用有限。

（二）粮食市场较快发展阶段（1990~2003年）

1987年，党的十三大报告明确提出"加强建立和培育社会主义市场体系"，这为粮食市场的发展和培育奠定了政策基础。经过精心筹备后，1990年国务院正式批准成立中国郑州粮食批发市场，从事大宗粮食的规范性交易，这种较高形式的交易方式的出现，标志着我国粮食市场建设进入了新的发展阶段。1992年党的十四大确立了建立社会主义市场经济体制的改革目标；1993年十四届三中全会首次提出建立统一开放、竞争有序的市场体系，为之后的市场体系建设指明了方向，也有力地促进了粮食市场体系的建设和发展。1993年，郑州商品交易所建立，我国粮食交易的高级形式——期货交易方式出现，标志着涵盖集贸、批发和期货交易的我国粮食市场体系基本框架结构形成。此后，各地都积极地建设粮食批发市场和开展粮食期货交易，粮食产区多数建立了省、市、县三级批发市场；粮食期货市场在1994年有几十家，粮食期货品种也有十几个。粮食市场呈现快速发展局面，但同时也出现了一定程度盲目建设的情况。1998年，国家提出对粮食价格的调控要由直接定价转变为以间接调控为主，正常情况下粮食价格由市场供求决定。2001年，国家从销区开始逐步放开了粮食市场，特别是加入世贸组织后，国际粮食市场对国内粮食供求和价格的影响加大，粮食价格逐步由市场主导形成，市场配置粮食资源的作用有所增强。

（三）粮食市场体系初步形成阶段（2004年至今）

2004年粮食市场全面放开后，粮食市场体系建设对于国家实施粮食宏观调控、保障粮食安全、提高资源配置效率的重要意义日益显现。各地和各有关部门加大了粮食市场主体培育和扶持力度，加强粮食市场的管理、指导与服务，有力地推动了各类粮食市场快速发展。2005年商务部启动"万村千乡市场工程"，推动农村连锁经营和统一配送；2007年国家粮食局编制印发了粮食行业第一个市场建设专项规划——《全国粮食市场体系建设"十一五"规划》（以下简称《规划》），《规划》中明确了"十一五"粮食市场建设指导思想、原则和目标，提出了粮食零售、收购、批发和期货市场建设的主要任务，进一步推动了粮食市场体系健康有序发展。目前，已初步形成了多元市场主体、多种交易方式、多层次市场结构的粮食市场体系。粮食市场建设已经进入了与整个粮食流通产业融合发展、市场功能与效率需要进一步提升的新阶段。

二、市场化条件下粮食价格形成机制

（一）粮食市场供需结构

1. 粮食需求

粮食需求指在一定粮食价格水平下，有一定货币支付能力的需求，是有效需求。从粮食用途来说，粮食消费需求又可以分为直接消费需求和间接消费需求，直接消费需求主要指口粮需求，包括常住人口和流动人口的口粮需求；间接消费需求主要包括饲料用粮、工业用粮、种子用粮、食品及副食酿造用粮、农村豆制品加工等转化用粮。就粮食需求主体及需求行为来看，粮食需求包括三个方面：第一，国内粮食消费需求，包括粮食最终消费需求、粮食间接需求、加工企业的投机需求等。从市场需求函数角度来说，粮食市场价格对粮食需求行为影响机制与程度存在较大差异。对于国内粮食消费需求来说，其主要受当期粮食市场价格及粮食价格预期等影响，通常粮食价格越高其需求量将越少，即粮食需求与粮食价格呈反向变动关系，在这种情况下粮食需求弹性通常较低，反映了粮食需求的必需品特性。但是，当粮食价格预期波动较大的情况下，粮食需求刚性特点反而加大加工企业、流通企业、最终消费者对粮食的储备需求，在这种情况下粮食需求对价格反应非常敏感，可能具有非常高的需求价格弹性。第二，粮食储备需求，主要指储备粮的调入需求，包括周转储备与战略储备等。粮食储备在于保障粮食安全，但从粮食储备调入的客观影响来说，尤其在托市收购的情况下，补充储备粮必然对粮食市场价格产生影响，当然，粮食储备需求的多少也可能受粮食市场价格等因素影响。在粮食市场价格相对较高的情况下，过多的粮食储备需求将进一步抬高市场价格，这通常发生在粮食收购环节，从粮食安全目标来看，其粮食储备规模必然会受到影响。在粮食市场价格相对较低的情况下，补充储备粮的可行性、成本及政策要求都将导致粮食储备需求量相对较大。第三，国外粮食需求。在国内外粮食市场价格存在较大差异的情况下，主要指当国内粮食市场价格低于国际市场价格时，国外粮食需求也必然对国内粮食市场产生影响，当然这受国内粮食市场价格以及国际粮食市场价格等多重因素影响。

2. 粮食供给

粮食供给是指在一定粮食价格水平上，市场能够而且愿意提供的粮食数量。就粮食市场供给主体及供给行为来看，粮食供给包括三个方面：第一，国内粮食生产，主要指我国粮食生产总量及相应的供给行为。粮食生产具有典型的自然特征，生产周期性明显，粮食市场价格对粮食供给行为影响具有典型的滞后性。对于农民来说，粮食生产行为主要受粮食生产预期价格等影响，而这依赖上一年度粮食市场行情及据此形成的粮食价格预期，粮食生产具有典型的供给刚性特征，粮食供给价格弹性很小。通常来说，上一难度粮食价格越高其供应量将越多，即粮食供给与粮食价格呈正向变动关系。第二，粮食储备投放，这是政府对粮食市场价格调控的重要途径。粮食储备投放包括周转储备、战略储备以及轮换粮等。从粮食储备投放依据及目标等来看，在粮食市场价格发生较大波动的情况下，政府对粮食市场直接调控的重要途径是通过储备粮的投放实现的，从而调节粮食市场价格。因此，政府对储备粮食的调节行为对粮食市场价格产生重要影响，当然影响方向和程度，与投放时机、投放机制等有密切关系，储备粮投放量也受到粮食市场价格与政府调控目标、储备粮投放机制及效率等影响。第三，粮食进口，这是稳定国内粮食市场尤其是短期粮食价格的重要途径。在国内外粮食市场价格存在较大差异、国内粮食价格波动较大的情况下，国外粮食进口影响粮食供给总量，从而对国内粮食市场产生影响。总体来看，粮食进口受到国内粮食市场价格、国际粮食市场价格等多重因素影响。

（二）粮食市场价格形成机理

1. 粮食价格调节效应

粮食市场波动的传导表现为不同的方式，价格无疑是市场供求机制发生作用的最重要信号，价格上升时，供给增加，需求减少；而价格下降时，供给减少，需求增加。但在粮食供求平衡体系中，存在两种价格，一个是粮食收购价格，另一个是粮食销售价格。这两种价格既有联系又有区别，粮食收购价格的涨跌和粮食销售价格之间势必存在内在的联系，但是由于粮食的生产和消费存在"时滞"特征，因此二者还存在差异。

但粮食作为生活必需品，其价格需求弹性较小。当价格较大上涨时，会对居民的基本生活造成较大的影响，因此作为生活必需品的粮食，国家会在价格较大幅度上涨时，采取一定的手段进行控制，以保证人们日常生活的安定。另外，粮食的生产受到气候、土地等方面的影响，生产周期长，其供给弹性与价格弹性比较小。如果价格发生较大的变化，将会引起粮食产量较大的波动，从而长期内不利于粮食的生产。因此，在大部分情况下，政府往往对粮食收购实行保护价格，以保证粮食长期稳定的供应。国家除了利用价格手段对粮食进行调控之外，还运用数量调控的手段对粮食平衡进行调控，这两种方式对粮食供求体系将产生不同的影响。从粮食生产环节到粮食流通环节，粮食的收购价格是二者的连接纽带，在即期内，当粮食收购价格上涨时，农户将会减少自己的储存粮食，从而增加了粮食的供给。但是当农户预期未来的粮食价格还会上涨时，他们会减少粮食供给，增加粮食储存，以期在将来出售获得更高的收益。

2. 粮食价格形成机制

从经济学角度看，当粮食市场上需求大于供给时，必将导致粮食价格上升，从而会吸引更多的厂商进入我国粮食市场，增加生产与供给，逐步实现供求平衡。与一般商品的市场不同，新进入的供给者主要有两种：一为政府部门，他们通过提供库存粮食的方式增加粮食供给，而且他们的目的不是盈利而是希望将上涨的粮食价格压低；二为国外的粮商，他们通过和我国政府或企业进行交易，提供粮食。当粮食市场上需求小于供给时，会有部分粮食处于无法销售的状态，这将导致粮食价格下降，这时会有更多的买家进入市场，从而实现供求平衡。与一般商品的市场不同，新进入的买家主要有两种：一为政府部门，它们通过收购过剩的粮食增加粮食需求，而且很多时候它们收购粮食的价格是略高于市面价格的，可见它们并不是因为粮食价格的下降而扩大了它们的需求，他们此时往往是从农民的福利角度出发，出于保护农民利益的目的；二为我国粮食进出口企业，此时它们也会以稍低的价格提供更多粮食给国外的粮食需求者，从而缓解我国粮食市场过饱和状态。这些共同对粮食价格产生影响（见图1）。

尽管粮食的供给弹性和需求弹性都比较小，但由于供给反应具有较显著的滞后性，当需求或供给曲线发生移动时，产量变化越来越大，供求缺口波动也越来越大，从而导致价格变动越来越大，越来越远离均衡点。由此可见，在市场经济条件下，由于粮食供需的特点，决定了如果按粮食的市场价格配置资源，调节粮食生产，结果会导致粮食供给的大起大落，从而影响粮食安全及社会稳定。因此，应充分高效发挥政府宏观调控功能，调节粮食供需结构，化解粮食价格波动风险。

三、粮食价格波动影响因素及调控路径

由于粮食供求状态在不同周期下具有不同的特点，因此我们从即期、短期以及长期的角度来分析粮食价格异常波动的调控政策。总体来说，粮食价格调控应以粮食库存释放实现即期调节，以粮食库存调节与外贸手段相结合进行短期调节，依靠科技进步、保护耕地、

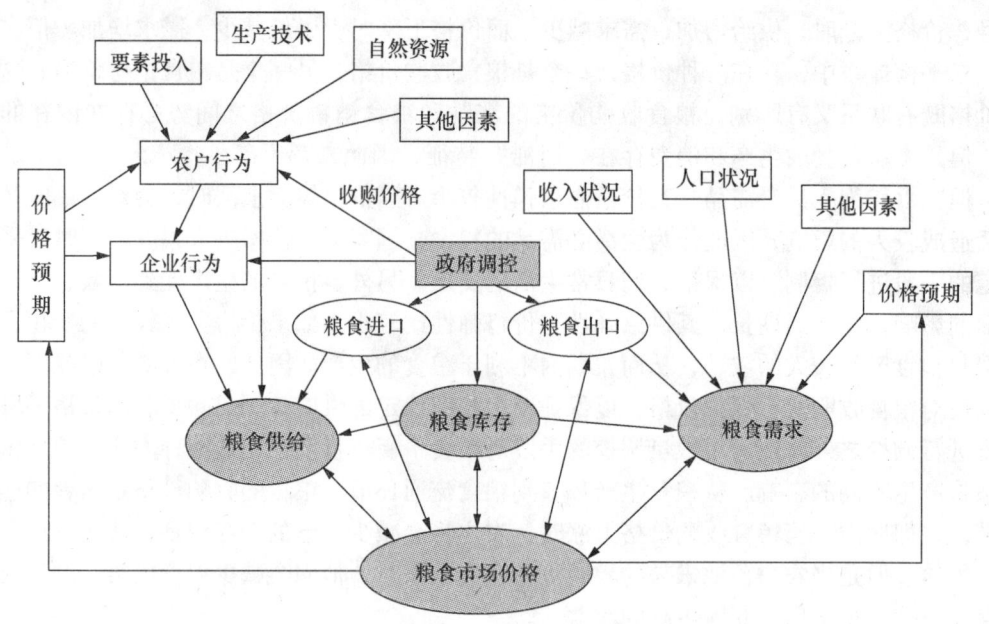

图 1　粮食市场价格形成机制

外贸等手段进行长期调节，建立一套动态化粮食市场价格调节机制。

（一）即期粮食价格影响因素及调控路径

1. 即期影响因素分析

即期，即一个生产周期结束，下一个生产周期尚未开始的时候。从即期层面来看，在粮食供给方面，粮食产量由于受到耕地、气候、作物生长周期等条件的限制在即期难以改变，而粮食的进口主要是在粮食交易的期货市场上来操作，期货市场上的交易周期比较长，在即期内也难以实现粮食的大量进口。即期影响因素包括前期粮食库存量、即期生产量和流通效率三个指标。具体而言，当即期粮食产量与粮食需求量之间存在较大缺口的时候，采取释放库存的手段来调节的前提条件是要有足够的前期粮食库存；即期粮食产量与粮食需求量之间的缺口是由即期生产量决定的，即期生产量大，缺口就会小，达到粮食供求平衡需要释放的粮食库存量就会小；有了充足的库存量作为保证，还要有高效的粮食流通系统来保证全国各个地区的粮食供求平衡。

2. 即期粮食市场价格波动调控途径与调控重点

在即期要减小或彻底消除粮食产量和粮食需求量之间的缺口主要是通过调整粮食库存量来实现，释放粮食库存，尤其是各级政府储备粮，实现粮食供求即时平衡，化解粮食价格异常波动。在即期粮食价格完全由粮食的需求决定，在发生粮食短缺时，由于信息不对称有可能导致哄抬物价，尤其在预期粮食价格上涨的情况下，消费者可能出现理性的"超购"现象，这可能导致粮食价格进一步上涨，致使粮食价格偏高。因此，一方面需要通过增加投放到市场上的储备粮食，另一方面也运用一定的监管手段，尤其是稳定消费者的信心，从而来实现粮食价格稳定（见图2）。

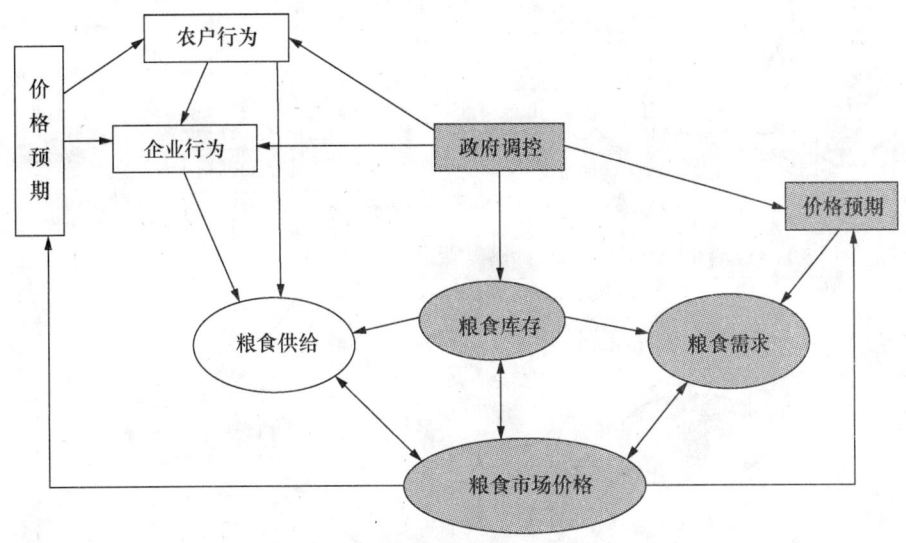

图 2　即期粮食市场价格波动调控途径

（二）短期粮食价格影响因素及调控路径

1. 短期影响因素分析

短期影响因素包括即期粮食产需缺口、国际市场粮食价格及进口关税和换汇成本三个指标。从短期层面来看，一方面，在短期内国内粮食的生产能力会有一定的变化，根据蛛网模型，即期价格波动会影响下一个生产周期的价格和产量；另一方面，国际市场上的粮食可以在一定程度上填补国内粮食产量和粮食需求量之间的缺口，也就是说短期内可以通过国际市场进口粮食来增加国内粮食的供给，最终实现粮食和外汇利用效率最大化，实现粮食供求平衡。同时，粮食价格不再完全由粮食的需求量决定，粮食进口量的增加可以使粮食供给量增加，从而保证粮食价格不会大起大落。

2. 短期粮食市场调控途径与调控重点

对于粮食供求方面的手段可以采用调节粮食储备与粮食进口相结合的原则。在粮食供给超出粮食需求的情况下，完全由市场决定的价格会影响下一年的粮食生产，因此国家可以扩大粮食采购，或者是积极寻求进口，让粮食价格趋于稳定。在粮食供给不足时，可以采用增加粮食市场投放与积极寻求进口的方法，增加国内供给。这种短期内保持价格稳定的方式，可以让农民对未来有一个正常的预期，从而保证未来年份粮食的正常供给（见图3）。

（三）长期粮食价格影响因素及调控路径

1. 长期粮食价格影响因素

长期是粮食生产要素投入可变的时期。从长期层面来看，一方面，国内粮食产量、库存量和粮食进口量都可以改变，粮食生产也可以通过对粮食供给的这三个组成部分进行调整以实现计划粮食供给与计划粮食需求之间平衡；另一方面，长期来看，需求刚性化增长不可逆转，供给约束突出。解决长期粮食安全问题的根本问题主要在于生产而不是流通。

（1）供给层面影响因素。第一，自然资源条件。农业生产的重要特点是周期长、自然属性强，粮食供给受自然资源条件影响显著。在影响粮食供给的众多自然因素中，影响

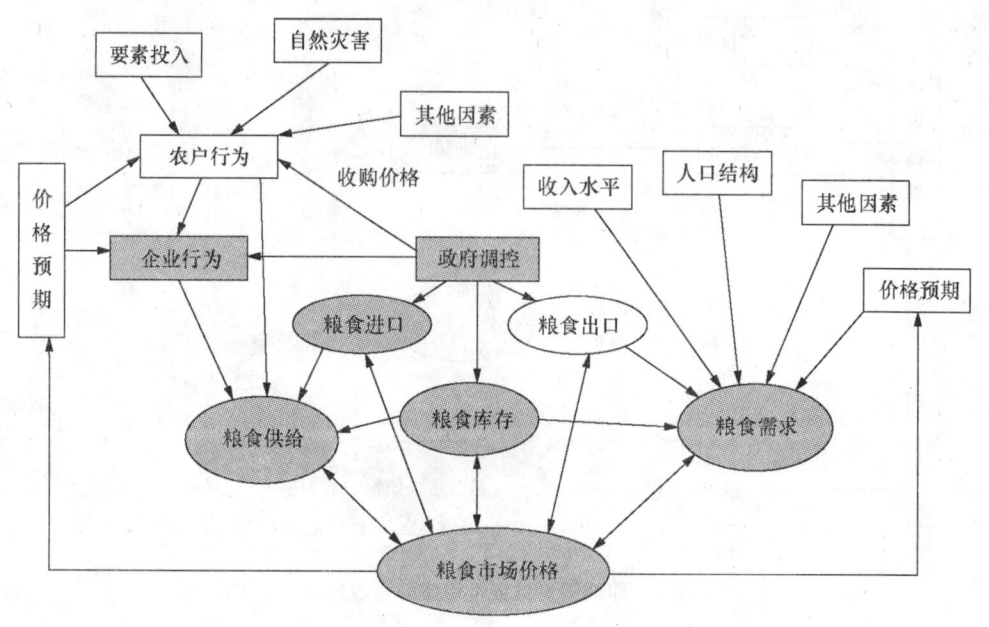

图 3 短期粮食市场价格波动调控途径

较大较明显的是土地资源、水资源和气候状况。随着经济社会的发展，耕地和水资源的紧缺将使粮食供给在较长时间内面临着资源相对不足的压力。第二，农业技术的科技支撑能力。耕地面积一定的情况下，粮食产量的增加取决于粮食单产的提高。而农业生产技术是粮食单产的重要影响因素。农业生产技术包括新品种的采用，如杂交水稻的使用大大提高了稻谷的产量，新型农药的使用等。第三，种粮收益，这与农业生产资料价格、其他相关农产品的价格等有密切关系。农民是理性决策人，其会根据粮食与其他作物的比较收益来安排生产结构。第四，农业的抗风险能力。农业、农村经济的发展经常遇到自然风险和市场风险，抵御自然风险的能力和规避市场风险的能力如何将影响到农业生产能力特别是粮食生产能力的提高。第五，粮食保护政策。粮食政策包括农产品价格政策、农产品收购政策、农业生产资料补贴政策、良种补贴政策、粮食直接补贴政策以及粮食流通政策等，这些政策对粮食生产产生重要影响。

（2）需求层面影响因素。第一，收入水平与消费结构。收入水平影响到消费者粮食购买能力，收入水平提高对粮食需求的增长表现在两个方面，收入水平提高首先提高了粮食直接消费需求，这在低收入群体中表现突出。此外，消费者收入水平提高，可能导致消费者消费结构发生一定变动，突出表现是收入水平越高，对畜产品等需求越多，这将增加对粮食的间接需求。第二，人口规模与结构。在人均粮食消费数量一定的情况下，人口越多，粮食需求量也越大。人口的长期增长对粮食需求的增加是我国粮食安全面临的重要问题。在我国人口达到高峰期以前，人口的持续增长也必将导致粮食需求相应增长。第三，其他相关产品的价格。若相关产品与粮食是互补品，相关产品价格上升将导致粮食需求减少，相关产品价格下降将导致粮食需求增加；若相关产品与粮食是替代品，相关产品价格上升将导致粮食需求提高，相关产品价格下降将导致粮食需求减少。

2. 长期粮食市场价格波动调控途径与调控重点

对于粮食供求方面的手段是以增加粮食的生产为主。首先，要加快科技创新步伐，发明创新并推广高产的新品种与新的耕种方式，加大农业生产现代装备的投入，从而促进粮食产量的增长。其次，在我国城市化和工业化的进程中，农用土地被侵占的现象越来越多。因而坚持实施长期稳定的土地保护政策，同时维护农民的权利，调动农民的积极性，从而保证粮食的有效供应。最后，积极利用国际贸易政策。比如增加粮食进口补贴、降低粮食进口关税、调整进口粮食来源结构等实现粮食的大量进口，实现我国粮食供求平衡（见图4）。

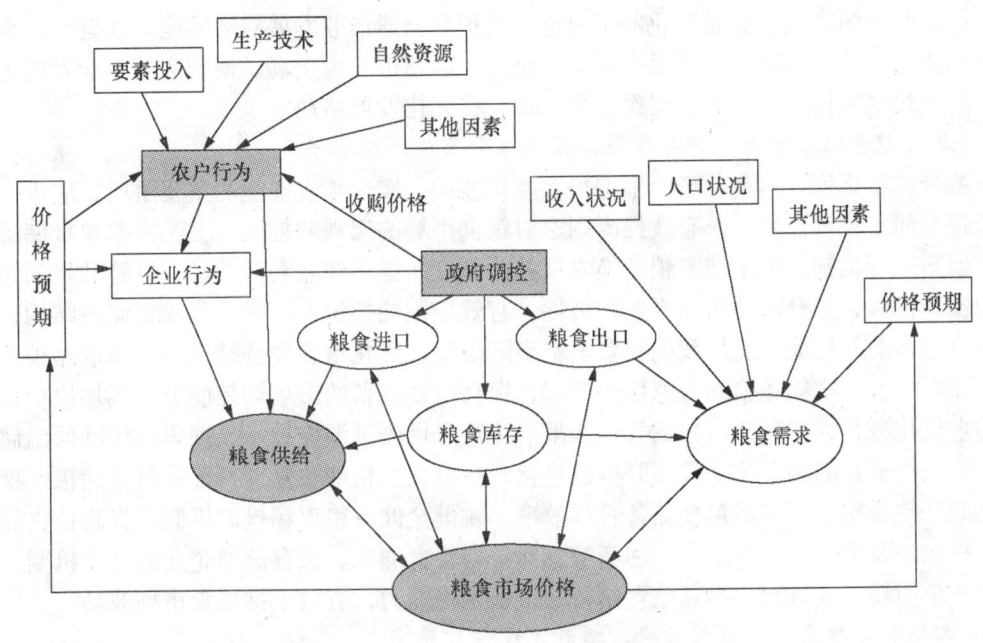

图4 长期粮食市场价格波动调控途径

四、市场化条件下粮食价格调控建议

（一）完善粮食价格支持政策，兼顾城乡居民利益

合理的粮食价格政策既要切实保障农民的种粮积极性，也要体现出价格政策的分配关系所带来的城乡居民间的利益均衡。为此，需要采取以下措施：①完善粮食最低收购价政策。建立健全粮食收购价执行预案，认真贯彻重点粮食品种最低收购价政策，保持合理粮价水平；继续加大对执行粮食最低收购价的市场巡查力度，纠正粮食收购过程中的压级压价和随意"扣水"、"扣杂"等损害农民利益的行为，保证粮食收购质价相符。②健全市场化的粮食价格形成机制。实现粮食价格形成机制市场化转换，突破僵化的粮食管理体制，形成由市场决定粮食价格的新机制，为粮食市场机制的健康运行并发挥应有的调节作用创造前提条件。③加强粮食价格走势监测及调控政策。开展农民种植意向和主要粮食品种种植成本、收益调查，适时对外发布粮食价格和成本收益信息，引导市场预期，稳定粮

食生产。根据市场价格变化，及时启动价格应急监测预警机制，防止粮食价格大起大落。

(二) 加快粮食市场体系建设，提高粮食流通效率

充分发挥市场机制在配置粮食资源中的基础性作用，推进粮食现代物流发展通过粮食流通产业发展提高粮食流通效率。①继续推进粮食流通体制改革。改革粮食运输管理体制，创新粮食物流机制，整合现有粮食物流资源，推进仓储、码头设施社会化和运输服务市场化进程；加快产权制度改革，进一步引进社会资金和外资进入粮食物流设施建设领域，形成多元化投资格局；加强主产区与主销区的利益协作机制，提高产销对接效率。②推进建设粮食批发市场体系。引导多元投资主体建设，以全国性粮食批发市场建设为引导，以区域性粮食批发市场建设为辅助，加快粮食批发市场体系建设，在国家宏观调控下，尽快弥补国有粮食流通产业部门退位后的粮食流通产业发展滞后问题。③健全粮食零售市场体系。注重培育粮食流通产业龙头企业，以超市、大卖场、便利店等企业发展为载体，推动粮油零售体系形成多层次、多渠道、多元化发展格局。

(三) 健全粮食储备及调控体系，提高粮食宏观调控水平

粮食储备是稳定粮食市场、平抑粮食生产波动、实现粮食安全的重要手段，应进一步健全粮食储备及调控体系，有效提高国家对粮食市场的宏观调控能力。①完善粮食储备体制，创新运行机制。健全储备粮轮换专项补贴制度，逐步建立利益共享、风险共担的储备粮轮换新机制，充分调动承储企业积极性，有效控制轮换价差。②优化粮食储备结构，提高粮食储备的调控能力。从我国粮食消费实际出发，优化粮食储备结构，提高成品粮油的储备库存量，健全储备粮的应急保供效率，提高粮食储备的市场调控能力。③加快粮食储备的现代化进程，提高储备粮的管理水平。注重采用先进温控技术，探索运用准低温储粮技术、无线射频的测温技术等，开展信息化、标准化、精细化管理，推进科技储粮，稳定提高储备粮食质量，提高粮食储备管理效率。④健全储备粮市场投放机制，提高粮食储备与粮食加工及流通的衔接效率。创新粮食储备与粮食加工、粮食流通企业的合作机制，完善储备粮市场投放机制，提高粮食储备的市场调控能力，有效平抑粮食市场波动。

(四) 优化粮食价格调控途径，提升宏观调控效率

由于粮食供求状态在不同周期下，粮食价格调控应以粮食库存释放实现即期调节，以粮食库存调节与外贸手段相结合进行短期调节，依靠科技进步、保护耕地、外贸等手段进行长期调节，建立一套动态化粮食市场价格调节机制。一方面，在即期，要减小或彻底消除粮食产量和粮食需求量之间的缺口，主要通过调整粮食库存量来实现，释放粮食库存，加大成品粮投放，实现粮食供求即时平衡，化解粮食价格异常波动。另一方面，需要运用一定的监管手段，尤其是稳定消费者的信心，从而来实现粮食价格稳定。在短期，可以采用调节粮食储备与粮食进口相结合方式对粮食市场价格波动进行调节。同时，可以通过国际市场进口粮食来增加国内粮食的供给。长期来看，首先，要加快科技创新步伐，发明创新并推广高产的新品种，加大农业生产现代装备的投入，提高粮食单产；其次，实施长期稳定的土地保护政策，严格保护基本农田，从而保证粮食的有效供应；最后，要积极利用国际贸易政策，增加粮食进口补贴、降低粮食进口关税、调整进口粮食来源结构等实现粮食进出口结构优化，实现我国粮食供求平衡。

参考文献

[1] 何蒲明，黎东升. 基于粮食安全的粮食产量和价格波动实证研究 [J]. 农业技术经济，2009 (2)：

85-92.
[2] 姜长云. 关于我国粮食安全的若干思考 [J]. 农业经济问题, 2005 (2): 44-48.
[3] 梁子谦, 李小军. 影响中国粮食生产的因子分析 [J]. 农业经济问题, 2006 (11): 19-22.
[4] 倪洪兴. 开放条件下我国粮食安全政策的选择 [J]. 农业经济问题, 2009 (7): 4-8.
[5] 王玉斌, 蒋俊朋. 我国粮食产量波动及地区差异比较 [J]. 农业技术经济, 2007 (6): 23-28.
[6] 鲜祖德, 盛来运. 我国粮食安全评价指标体系研究 [J]. 统计研究, 2005 (8): 3-9.
[7] 许世卫. 我国粮食安全目标及风险分析 [J]. 农业经济问题, 2009 (5): 12-16.
[8] 喻翠玲, 冯中朝. 我国粮食生产的波动性及其影响因素分析 [J]. 农业现代化研究, 2006 (1): 7-10.
[9] 姜楠, 张正. 中国粮食市场价格形成机制研究 [J]. 农业经济, 2006 (3): 69-70.
[10] 李梦觉, 洪小峰. 粮食安全预警系统和指标体系的构建 [J]. 经济纵横, 2009 (8): 83-85.

Under the Condition of Market – oriented the Forming Mechanism of Grain Price and the Controlling Measures

LI Guang-si[1,2]

(1. Center for Food Security and Strategic Studies of Nanjing University of Finance and Economics, Nanjing 201003, China; 2. Institute of Food Economy of Nanjing University of Finance & Economy, Nanjing 201003, China)

Abstract: With the reform of China's grain circulation management, China's grain circulation system has undergone fundamental changes, the grain circulation system has been formed and the formation mechanism of grain price changed greatly. Under the condition of market – oriented, the forming mechanism of grain price is very complex. The effect of food production and consumption on the food markets is evident. Considering the characteristics of grain circulation system in China, the paper analyzes the grain price forming mechanism under market conditions, takes into account the periodic characteristics of the grain market volatility, and analyzes of themacro – control means of food price in different stages.

Key Words: marketing; food prices; formation mechanism; macro – control

我国小麦价格波动影响因素实证分析

刘俊杰

（农业部 农村经济研究中心，北京 100810）

摘　要　通过对我国小麦价格波动的供求关系和外部冲击因素进行实证分析，研究表明：生产成本、竞争作物价格、收入水平、市场化改革政策以及自然灾害等因素会对小麦市场价格产生正向影响，同时上期市场价格对小麦市场价格起到反向作用。因此，国家应有针对性地采取措施稳定农业生产资料市场；加强对农户的生产指导和信息服务，减少农户生产的盲目性；在制定小麦和其他作物扶持政策时，要充分考虑两者之间相互的影响；进一步完善宏观调控政策，防止市场自身缺陷对小麦价格的影响。

关键词　小麦价格；价格波动；影响因素

一、引言

小麦是我国重要的粮食品种之一，也是我国主要的口粮消费品种。在我国居民食物消费体系中具有重要地位。小麦价格波动对小麦种植者、国内居民的食物消费以及我国粮食生产有着重要影响。随着国内粮食市场化改革的深入和国际市场一体化的加深，我国粮食价格调控面临更加严峻的现实。国内粮食市场不仅受到传统因素影响，还越来越多地受到非传统外部因素的冲击，在此背景下对我国小麦价格波动规律及其影响因素进行深入系统研究有着重要意义。

在农产品价格波动研究中，早期的研究主要从供给角度对农产品价格波动进行分析，"蛛网理论"是重要的成果，还有学者从需求角度对农产品价格波动进行研究，比较有代表性的是FOX[1]的空间价格均衡模型，NEWBERG和STIGLITZ[2]分析了库存变动对价格的影响。ORDEN和FACKLER[3]通过向量自回归（VAR）模型分析了货币因素对农产品价格的影响。SAGHAIAN等[4]根据美国1975年1月至1999年3月的数据，采用协整分析方法得出在短期货币供给发生变动的前提下，农产品价格的调整速度要明显快于工业产品，同时汇率、货币供给与农产品价格在长期具有稳定关系的结论。更进一步的，ASFAHA等[5]基于误差校正模型（VEC）指出，在货币冲击的条件下，农业部门将承担部分成本上升的压力，即货币供给因素增加了农产品价格的波动。

国内对农产品价格的研究主要在以下几个方面：张志英[6]认为2006年后开始的新一轮农产品价格上涨主要是受成本推动、需求拉动和突发因素的扰动。卢锋、彭凯翔[7]采

收稿日期：2012-09-01
作者简介：刘俊杰（1979—），男，江苏省阜宁县人，博士，助理研究员，研究方向：农业经济理论与政策、农村改革政策。

用 Granger 检验方法对 1987~1999 年中国粮食价格与消费价格指数的关系进行分析，最终得出通货膨胀是粮食价格波动原因的结论。对此，卢锋、彭凯翔提出的解释是，通货膨胀通过改变农户存粮行为来影响真实粮价。卢锋、彭凯翔[7]对原先的"粮价上涨导致通货膨胀"的假说提出了很大挑战，并在很大程度上改变了人们对粮价波动的看法。一时间，学界就此问题形成了很多相关的讨论与研究。赵国庆等[8]利用 1953~2003 年的年度粮食价格指数与消费价格指数数据，采用与卢锋、彭凯翔[7]相类似的方法，得出了粮价波动与通货膨胀之间存在互为因果关系的结论，同时该文也承认未将农业生产资料价格因素包含在内，由此可以这样认为：对于该结论，赵国庆等[8]并没有十足的把握。另外，从时间序列模型数据质量的角度出发，用以实证分析的 1953~2003 年的年度数据较之 1987~1999 年的月度数据而言也缺乏说服力。李敬辉、范志勇[9]突破了这一局限，他们不仅实证研究发现我国粮食价格与货币供给和真实利率存在密切关系，还通过一个世代交叠的理性预期随机动态一般均衡模型，在引入存货后，研究发现货币供应量增长率的变动会引起通货膨胀率的波动，而通货膨胀率的波动改变了可储存商品的收益率，从而导致经济主体存货行为的改变，进而对粮食价格产生影响。程国强[10]引入预期的概念认为粮食价格上涨，有可能形成对整个农产品市场的不稳定预期，带动其他农产品价格在短期内全面上涨。王德文和黄季焜[11]、王小鲁[12]则从政府调控政策与粮食价格关系角度分析了政策变动对市场价格的冲击。钟甫宁[13]与苗齐和钟甫宁[14]等分析了库存及库存变动的信息对粮食价格的影响。丁守海[15]利用 Johansen 检验和 VEC 模型考察了大米、小麦、玉米、大豆四类粮食品种的国内外价格传递关系，通过研究发现不论从长期还是短期波动的角度看，国际粮价的变动都会在相当程度上传递到我国粮食市场，其中大豆影响最高，小麦影响比较低，但也不容忽视。

国内研究粮食价格波动的文献非常丰富，现有的研究从多角度分析了我国粮食价格波动的因素及影响，上述研究成果为本文提供了很好的理论和方法借鉴，但上述很多观点尚待实际资料和实证研究加以证实。本文在上述研究的基础上，利用扩展的静态预期蛛网模型，从小麦市场的供求关系和外部冲击因素进行深入分析，探讨影响小麦价格的诸因素及其影响。

二、小麦价格波动实证分析

（一）分析框架

市场均衡理论指出供求关系是决定价格的主要因素。商品价格是供求均衡时市场出清的价格，均衡状态如果受到外部冲击导致供给或者需求发生变化，市场价格将随之发生变化，导致价格波动。本文分析时对市场均衡理论和模型进行拓展，运用静态预期方法来分析局部均衡条件下小麦价格波动机制。

运用市场均衡理论可将小麦市场分为供给、需求、外部因素以及与它们联系的价格四个对象。供给和需求是小麦价格形成的决定因素，外部因素是独立于小麦市场并对小麦市场供求产生影响的因素，主要的外部因素包括政策和制度、宏观经济形势、市场主体预期以及突发事件冲击等方面的影响。

在一定时期内，小麦供给量（由于我国小麦商品率不高，同时农户的供给数量很难得到，我们这里用年度产量来替代供给量）主要包括前期产量、进口量和前期库存；小麦需求量主要包括国内消费量、出口量等；存在国际贸易的环境下，小麦价格包括国内市场价格和国际市场价格。在我国小麦很长时期内供需处于紧平衡状态，在20个世纪90年代中期以前小麦是我国主要进口粮食品种。随着小麦产量的增长，小麦的自给率逐步提高，小麦进口量逐步减少，同时我国小麦市场价格长期高于国际市场价格，为了稳定国内市场和价格，国家对小麦出口管制比较严格，所以我国小麦市场可以看作是和国外分隔的独立市场，我国的小麦进出口主要考虑的因素是国内供需和市场价格，对国际市场价格因素主要考虑的是防止大量出口给国内市场带来的波动。

一般来讲，影响一定时期内小麦生产的因素包括小麦市场价格预期、生产成本、替代或竞争作物的价格水平、技术进步、小麦生产政策和其他因素等；影响小麦消费量的因素包括小麦市场价格、人口数量、收入水平、主要替代品的价格及其他因素等。如前所述，由于粮食在我国的特殊重要性，我国小麦进出口主要考虑满足国内市场供需和稳定国内市场价格，所以影响我国小麦贸易的因素是国内供给需求状况和国内市场价格水平。

根据上述理论分析，借鉴研究宏观经济的局部均衡模型的基本原理，我国小麦价格与供求关系等因素可以用下述理论模型表示：

$$Q = \varphi(EP^m, P^f, P^s, T, \varepsilon_1) \quad (1)$$

$$D = \varphi(P^m, P^v, Y, N, T, \varepsilon_2) \quad (2)$$

$$M = \gamma(P^m, Q, D, \varepsilon_3) \quad (3)$$

上述理论模型中，方程（1）为小麦产量方程。方程左边 Q 为小麦产量，方程右边变量表示小麦生产受以下因素影响：EP^m 为预期的小麦市场价格；在考虑影响小麦生产的成本因素时，主要考虑构成成本的各种投入品价格，这里分析时主要考虑各类生产资料的投入和土地要素的投入，生产资料投入用农业生产资料价格表示；由于我国没有专门的土地要素市场和价格，我们考虑替代指标竞争作物价格来表示土地要素的投入对小麦产出的影响，理由是如果替代作物价格上升表示既定土地上分配给小麦生产时相对收益就会减少，理性农户就会减少小麦种植而增加竞争作物的种植。这里用 P^f 表示农业生产资料价格；P^s 表示竞争（或替代）作物市场价格；T 表示时间趋势；ε_1 表示没有放进方程的影响小麦生产的其他因素。

方程（2）为小麦消费需求方程。D 表示小麦消费量，方程右边变量表示我国小麦消费需求受下列因素影响：P^m 表示小麦市场价格；P^v 表示小麦消费环节替代品价格；Y 表示人均收入水平；N 表示人口增长率；ε_2 表示没有放进方程的影响小麦消费的其他因素。

方程（3）为小麦净进口方程。M 表示本期净进口数量，上述分析到我国小麦进出口受国家严格控制，是国家调节国内市场的工具，所以净进口量受国内供求状况及价格的影响。P^m 表示国内小麦市场价格；Q 表示小麦国内产量；D 表示小麦国内消费量；ε_3 表示影响小麦净进口的其他因素。

由于小麦库存一直以来都是国家的机密，没有公开和权威的统计资料，因此很难对库存数据做准确的估计，市场主体很难利用它来对市场预测分析，所以本文研究中暂不考虑小麦库存因素的影响。

根据市场均衡理论，小麦市场出清条件为：生产量加上进口量等于消费量加上出口量时，可以用方程（4）表示为：

$$Q + M = D \quad (4)$$

根据上述均衡方程，借鉴 WESCOTT 和 HOFFMAN[16]的相关研究，可以推导如下小麦市场均衡方程：

$$P^m = f^{-1}(EP^m, P^f, P^s, P^v, Y, N, M, \mu) \quad (5)$$

方程（5）表明，小麦市场价格是方程右边变量的函数，我们可以根据方程（5）建立小麦市场价格影响因素的实证方程：

$$\ln P_t^m = a + \lambda_1 \ln EP_t^m + \lambda_2 \ln P_t^f + \lambda_3 \ln P_t^s + \lambda_4 \ln P_t^v \\ + \lambda_5 \ln Y_t + \lambda_6 \ln N_t + \lambda_7 \ln M_t + \mu_t \quad (6)$$

在方程（6）小麦价格影响因素实证方程中，考虑到小麦市场价格除受供求关系影响外，外部冲击因素在不同时期也会对市场价格产生不同影响，本文分析期为 1998～2010 年，考虑到这一期间我国粮食市场化改革进一步深化，同时这一时期自然灾害频发，为考察市场化改革政策和自然灾害对小麦市场的影响，实证分析时，在模型里放入代表市场化改革的政策虚变量和成灾率变量，实证模型改变为：

$$\ln P_t^m = a + \lambda_1 \ln P_{t-1}^m + \lambda_2 \ln P_t^f + \lambda_3 \ln P_{t-1}^s + \lambda_4 \ln P_{t-1}^v + \lambda_5 \ln Y_t \\ + \lambda_6 \ln N_t + \lambda_7 \ln M_t + \lambda_8 Gov + \lambda_9 DA_t + \mu_t \quad (7)$$

模型（7）Gov 表示 2001 年开始的粮食市场化改革政策虚变量，DA 表示 1998～2010 年自然灾害成灾率，同时为了反映价格预期对当期市场价格的影响，采用常用的幼稚型预期来表示小麦种植者对小麦市场价格的预期，模型各变量具体设置方式在下述分析中交代。

（二）数据与变量

本文研究中模型数据使用省级面板数据，由于海南没有小麦种植，西藏统计资料缺失较多，同时广东和广西有关数据缺失量较多，本文选择了除广东、广西、海南、西藏的 27 个省、自治区、直辖市（不包括港澳台地区）1998～2010 年数据。为消除通货膨胀的影响，对价格和收入等价值形态的变量用居民消费价格指数（CPI）进行了平减。

方程（7）中变量具体含义为：

P^m、P_{t-1}^m 表示分省的小麦市场价格当期和前一期的小麦市场价格，数据来自《中国农产品价格调查年鉴》。

P_t^f 表示分省的农业生产资料价格指数，数据来自《中国统计年鉴》。

P_{t-1}^s 表示上期小麦主要竞争（替代）作物价格。为反映小麦与其他作物之间可能的竞争（替代）或者促进作用，我们考虑了小麦与不同粮食品种之间以及小麦和经济作物之间的替代关系。由于我国自然、气候条件区域差异很大，导致耕作制度、耕作时间、作物品种在不同区域差异较大，不同地区作物的替代或竞争作物品种存在较大差异，为了比较好地区分，我们根据自然和传统耕作习惯把全国分区以确定小麦品种的竞争和替代作物。

东北地区的辽宁、吉林、黑龙江，根据农业部种植业管理司的农时数据库文献，该地区是我国大豆主产区，由于冬季长而严寒，所以部分地区种植春小麦，农时上和大豆形成替代关系，本文研究中小麦替代作物主要选择大豆。

华北地区包括北京、天津、河北、山西、陕西、山东、河南，是我国小麦主产区，这一地区主要种植冬小麦，且同时期内大多数地区在农时上基本没有替代性很强的作物。因此，这一地区替代作物价格用 1 表示（实证分析采用的是对数线性模型）。

西北地区包括内蒙古、甘肃、宁夏和新疆，该地区小麦、棉花和玉米存在明显的替代关系，我们选择小麦替代作物时主要考虑玉米。

长江中下游地区的上海、江苏、安徽、湖北，该地区是我国冬小麦的主产地，该地区与冬小麦存在竞争关系的作物是油菜。

南方地区包括浙江、福建、江西、湖南、广东、广西，该地区小部分生产小麦，其中广东、广西小麦产量很少，在分析时没有纳入模型分析。除广东、广西以外的四个省份在农时上和小麦有竞争关系的作物是油菜，和玉米也有一定的竞争关系，本文研究中选择油菜作为替代作物。

西南地区包括四川、贵州、云南，根据农时资料，小麦的竞争作物为油菜。

P_t^v 表示小麦消费环节主要替代品的价格，由于我国小麦主要是用来食用，所以这里我们选择粳米作为小麦的主要替代品，数据来自《中国农产品价格调查年鉴》。

Y_t 表示分省的居民人均收入变动率，人均收入按农村人口和城市人口比重加权平均而得，数据来自《中国统计年鉴》。

N_t 表示分省的人口增长率，数据来自《中国统计年鉴》。

M_t 表示小麦净进口量，这里用全国数据表示，数据来自《2011年中国粮食发展报告》。

Gov 为政策变量，这里用虚变量放进模型，主要考察我国2001年开始的粮食购销市场化改革对我国小麦价格的影响。2001年我国在八个粮食主产区开始以取消定购任务为主要内容的购销市场化改革，并在2004年全面放开粮食购销市场，同时在全国范围内实施了粮食直接补贴，这种农业政策的变革对我国粮食生产和价格会产生一定的影响。市场化改革政策具体设置为：2001年在北京、天津、上海、江苏、浙江、福建、广东和海南开始放开粮食销售市场，因此在1999～2000年对除广东和海南省以外的省份政策变量设置为0，2001～2010年变量为1；2002年在广西、重庆、贵州、云南、青海和新疆六个省份放开粮食购销市场，因此在1999～2001年对除广西以外的省份政策变量设置为0，在2002～2010年设置为1；2003年在内蒙古、河北、河南、山东、安徽、湖北、四川、宁夏八个省份实施市场化改革，因此在1999～2003年这些省份政策变量等于0，2003～2010年变量等于1；2004年在全国放开粮食购销市场，因此其余省份在1999～2003年政策变量为0，在2004～2010年为1。

DA_t 表示小麦成灾面积占播种面积比重的变动率，由于统计中没有单独的小麦成灾面积统计，文中采用粮食成灾面积占播种面积比重代替，数据来自《中国统计年鉴》。

表1 变量的含义与预期符号

因变量	P_t^m				
自变量	a				
自变量	含义	预期符号	自变量	含义	预期符号
$\ln P_{t-1}^m$	上期小麦价格	−	$\ln N_t$	人口增长率	+
$\ln P_t^f$	农业生产资料价格指数	+	$\ln M_t$	净进口量	−
$\ln P_{t-1}^s$	竞争作物价格	+	Gov	市场化改革政策	/
$\ln P_{t-1}^v$	小麦消费替代品粳米价格	+	DA_t	成灾面积占播种面积比例变化率	+
$\ln Y_t$	居民人均收入	+	$\mu_{i,t}$	误差项	

注："/"表示不确定变动方向。

（三）方法与估计结果

由于面板数据同时包括了截面和时间两维数据，如果模型设定和形式不正确，将会造成较大的偏差，因此面板数据估计时必须首先检验模型的形式。为了确定本文研究中具体采用的模型形式，常用的检验方法是协方差检验，检验假设为：

假设1：斜率在不同的截面和时间上都相同，截距项不同。

$H_1: y_{it} = \alpha_t + \beta X_{it} + \mu_{it}$

假设2：斜率和截距在不同的截面和时间上都相同。

$H_2: y_{it} = \alpha + \beta X_{it} + \mu_{it}$

如果接受假设2，则不需进一步检验；如果拒绝假设2，则需进行下一步检验假设1；如果假设1被拒绝，则模型估计应该选择变系数模型。

模型检验的F统计量为：

$$F = \frac{(SSE_r - SSE_u)/(N-1)}{(SSE_u)/(NT-N-K)} \sim F_\alpha(N-1, NT-N-K)$$

一般来说，如果是对样本本身的个体情况进行分析，即把样本看作一个总体，则可以选择固定效应模型；如果用样本来推断总体，则应该选择随机效应模型[17]。

本文运用 Eviews 6.0 软件对模型进行计量分析，求得 $F2 = 1.92$，$F1 = 1.13$。在95%置信度下，$F(196, 203) = 1.26$，$F(168, 203) = 1.27$。可以看出 $F2 = 1.92 > 1.26$，因此可以拒绝假设2；而 $F1 = 1.13 < 1.27$，接受假设1，因此选择变截距模型来对方程进行估计。本文研究中是对小麦价格波动的因素进行分析，不涉及利用样本对总体进行分析，因此估计时采用变截距固定效应模型是有效的。

在经过上述检验后对方程（7）进行初步回归发现粳米价格、收入水平、人口增长率、净进口变量没有通过检验，这里采取逐个剔除的方法，具体做法是先把不显著变量剔除进行回归，然后逐个加入被剔除的变量进行回归看结果是否显著，经过多次检验得到最终估计方程（8）：

$$\ln P_t^m = a + \lambda_1 \ln P_{t-1}^m + \lambda_2 \ln P_t^f + \lambda_3 \ln P_{t-1}^s + \lambda_4 \ln Y_t + \lambda_5 Gov + \lambda_6 \ln DA_t + \mu_t \tag{8}$$

最终估计方程（8）估计结果如表2所示。

表2 估计结果

变量	系数	P值
常数项	-3.017	0.061
$\ln P_{t-1}^m$	-0.204	0.053
$\ln P_t^f$	0.307	0.005
$\ln P_{t-1}^s$	0.173	0.062
$\ln Y_t$	0.044	0.018
Gov	0.163	0.000
$\ln DA_t$	0.126	0.001
R^2	0.841	
调整后的R^2	0.822	
F统计值	853.673	

由表2估计结果中调整后的 R^2 为 0.822，F – statistic 为 853.673，模型的总体拟合优度较好。由表2估计结果解释如下：

（1）上一期市场价格与本期价格呈显著负相关关系，本文分析假定农户进行生产决策时是根据上期价格决定本期生产，上期价格上涨时农户会扩大本期生产，导致本期产量增加，在本期需求不变的情况下会压低本期市场价格。

（2）生产成本对小麦价格具有正向影响。在所分析的影响小麦价格的因素中，成本因素对小麦价格变动影响最大，构成生产成本的农业生产资料价格指数变动每增加1%就会推动小麦价格上涨0.307%。这说明在考察期内小麦生产成本对推动小麦价格变动起到了至关重要的影响。

（3）竞争作物价格变化对小麦价格影响显著，但贡献比较小，在考察期内竞争作物价格上升1%，将拉动小麦价格上涨0.173%。这是因为小麦竞争性作物价格上涨将引致农民扩大竞争作物播种面积，从而减少小麦种植，导致市场供给减少，价格上升。同时小麦是我国重点扶持品种，在与小麦有竞争关系的作物基本都退出了国家的政策扶持，所以对小麦价格冲击相对来说比较小。

（4）居民收入水平对小麦市场价格的影响显著，但影响程度比较小。这说明这一时期收入水平提高对小麦价格波动影响不大，可能原因是小麦是我国居民消费的主要口粮，对小麦消费需求具有刚性，对价格波动敏感性较低。

（5）我国的粮食购销市场化改革政策对小麦价格影响显著，并且符号为正，说明粮食市场流通体制改革后我国小麦价格有一定程度的上涨。可能的因素是国内小麦自1999年以来连续四年减产，同时2002年国际小麦价格上升，推动我国小麦出口量增加，这两方面因素共同作用推动小麦价格在这一时期有一定程度的上升。

（6）成灾率对小麦价格有显著的正向影响。成灾面积上升表明小麦产量下降，导致供给下降，价格上升。在考察期内自然灾害对我国小麦市场价格产生了一定程度影响，小麦成灾率提高1%，会使市场小麦价格提高0.126%。

三、主要结论与建议

随着我国粮食市场的逐步放开，小麦价格受多种因素影响：生产成本、竞争作物价格、收入水平、政府政策以及自然灾害等，这些因素会对小麦市场价格起到正向影响，同时上一期市场价格对小麦市场价格起到反向作用。上述结论对稳定小麦价格有重要意义。

（1）从长期来看，由反映供给方面因素的小麦生产资料价格上升是推动小麦市场价格上涨的主要动力。因此，有针对性地采取措施稳定化肥、农药、农资等农业生产资料市场，有利于防止小麦价格过快上涨。

（2）上期市场价格对本期价格产生负的影响，表明农户的市场预期导致了小麦市场价格波动。因此，为有效防止价格波动，必须加强对农户的生产指导和信息服务，减少农户生产的盲目性。

（3）竞争作物价格与小麦市场价格具有正相关关系。因此国家在制定小麦和其他作物扶持政策时，要充分考虑两者之间相互的影响，防止政策变动给两者带来负面影响。

(4)反映外部冲击因素的市场化改革政策以及自然灾害等因素在这一时期也对小麦市场价格产生正向影响,因此我们在放开粮食购销市场的同时应该进一步完善宏观调控政策,防止市场自身缺陷对粮食价格的影响;同时要加强农田水利等农业基础设施建设,努力降低自然灾害等因素对小麦市场的影响。

参考文献

[1] FOX K A. A Spatial Equilibrium Model of the Livestock – Feed Economy in the United States [J]. Econometrica, 1953 (41): 547 – 566.
[2] NEWBERG D M, STIGLITZ J E. The Theory of Commodity Price Stabilization Rules: Welfare Impacts and Supply Responses [J]. Econ, 1979 (89): 799 – 817.
[3] ORDEN D. FACKLER P L. Identifying Monetary Impacts on Agricultural Prices in VAR Models [J]. American Agricultural Economics Association, 1989, 71 (2): 142 – 158.
[4] SAGHAIAN S, REED M, MERCHANT M. Merchant Monetary Impacts and Overshooting of Agricultural Prices in an Open Economy [J]. American Journal of Agricultural Economics, 2002 (2): 90 – 103.
[5] ASFAHA T A, JOOSTE A. The Effect of Monetary Changes on Relative Agricultural Prices [J]. Research in Agricultural & Applied Economic, 2007, 46 (4): 105 – 121.
[6] 张志英. 新一轮农产品价格上涨及调控取向 [J]. 社会科学研究, 2008 (3): 49 – 52.
[7] 卢锋, 彭凯翔. 中国粮价与通货膨胀关系 (1987 – 1999) [J]. 经济学 (季刊), 2002 (4): 821 – 833.
[8] 赵国庆, 于晓华, 曾寅初. 通货膨胀预期与 Granger 因果性研究 [J]. 数量经济技术经济研究, 2008 (4): 29 – 39.
[9] 李敬辉, 范志勇. 利率调整和通货膨胀预期对大宗商品价格波动的影响——基于中国市场粮价和通货膨胀关系的经验研究 [J]. 经济研究, 2005 (6): 61 – 68.
[10] 程国强. 粮价异常波动亟须综合调控 [J]. 中国发展观察, 2010 (6): 5 – 6.
[11] 王德文, 黄季焜. 双轨制度下中国农户粮食供给反应分析 [J]. 经济研究, 2001 (12): 55 – 65.
[12] 王小鲁. 中国粮食市场的波动与政府干预 [J]. 经济学 (季刊), 2001 (10): 171 – 192.
[13] 钟甫宁. 稳定的政策和统一的市场对我国粮食安全的影响 [J]. 中国农村经济, 1995 (7): 44 – 47.
[14] 苗齐, 钟甫宁. 我国粮食储备规模的变动及其对供应和价格的影响 [J]. 农业经济问题, 2006 (11): 9 – 14.
[15] 丁守海. 国际粮价波动对我国粮价的影响分析 [J]. 经济科学, 2009 (2): 60 – 71.
[16] WESCOTT P C, LINWOOD A H. Price Determination for Corn and Wheat: The Role of Market Factors and Government Programs [J]. Research in Agricultural & Applied Economic, 1999 (7): 1 – 30.
[17] 易丹辉. 数据分析与 Eviews 应用 [M]. 北京: 中国人民大学出版社, 2005.

An Empirical Analysis on Factors of China's Wheat Price Volatility

LIU Jun-jie

(Research Center for Rural Economy Ministry of Agriculture, Beijing 100810, China)

Abstract: This paper empirically analyzes the main factors of wheat price volatility and its impact, which shows that factors such as production costs, price of competing crops, income levels, market – oriented reform policies as well as natural disasters have a positive impact on market prices of wheat, while the market price of the previous period for wheat plays the reverse role of wheat market prices. Therefore the government should take some targeted measures to stabilize the market of agricultural production and strengthen production guidance and information services for the farmers so as to reduce the farmer's production blindness. Besides, we should fully take the impact between wheat and other crops into consideration while making supportive policies for the development of wheat and other crops and further improve the macro-control policy to prevent defects on the wheat market prices.

Key Words: wheat price; price fluctuations; factors

国际玉米价格与国内玉米价格波动的动态关系分析

张 兵 刘 丹

(南京农业大学 金融学院，南京 210095)

摘 要 运用VAR多变量动态系统以及在此基础上的Johansen多元协整检验、向量误差修正模型、格兰杰因果检验、脉冲响应函数分析和方差分解等技术方法对我国玉米现货价格与国内外玉米期货价格之间的关联性进行研究，结果发现：国内玉米期货市场会对国内玉米现货市场造成较大的波动性，而国际玉米期货市场对国内玉米现货市场造成的波动影响较小；在国内玉米价格的形成中，国内玉米期货价格起着主导作用，随着时间的推移，贡献度有不断增大的趋势，而国外玉米期货价格的贡献率较小。

关键词 国际玉米价格；协整检验；向量误差修正模型；格兰杰因果检验；脉冲响应函数

一、引言

近年来，世界农产品价格的剧烈波动引起了世界各国的关注。随着国际市场一体化进程的加快，我国许多大宗商品对国际市场的依赖度越来越高，进口依存度不断提高，国际农产品价格的大幅度波动无疑将对国内农产品价格产生影响。

玉米是世界三大农产品之一，年产量7亿吨左右，国际间年贸易量达7500万～8000万吨。它是世界上最早的期货交易品种，也是最重要、最成熟的交易品种之一。早在1848年，现代玉米期货交易的雏形就已经在美国的玉米主产区形成；1851年3月13日，在芝加哥签订了第一份玉米远期合约，从此揭开了美国谷物期货市场的序幕；1865年，芝加哥期货交易所（以下简称CBOT）首次上市了玉米标准化期货合约，玉米因此成为世界上历史最悠久、生命周期最长的期货品种。继大蒜、绿豆价格暴涨之后，玉米价格又冲到了农产品价格上涨的前列。2010年3月初以来，玉米价格快速上涨，到2012年为止，玉米价格每吨上涨100～200元，涨幅达10%。其中，广东销区由每吨1900元上涨到2050～2100元，吉林、黑龙江产区由每吨1600元上涨到1800～1850元。当前玉米价格异常波动将加大玉米的进口压力，并有可能引发粮价乃至整个食品价格的全面上涨。若托市

收稿日期：2012-07-20

基金项目：国家社会科学基金重大项目"现代农业导向的农业结构战略性调整研究"（NO.11&ZD010）、教育部人文社会科学研究规划基金项目"投机资本对农产品价格的作用机制研究"（NO.11YJA790203）。

作者简介：张兵（1962—），男，江苏盐城人，管理学博士，教授、博士生导师，研究方向：农村发展、农村金融；刘丹（1987—），女，江西新余人，农业经济管理专业博士，研究方向：农村金融。

政策不及时调整，有可能形成过度调控效应，不利于保持粮价的稳定。

粮价异常波动为管理通胀预期带来巨大压力，不利于保持经济平稳较快发展，因而价格稳定是宏观经济调控的重要目标。因此，鉴于玉米价格对食品价格的重要性，在当前国际国内经济形势极其复杂的背景下，研究国际玉米价格波动对国内玉米价格的影响及其相互关系，对于有效控制国内物价的异常波动具有重要意义。

二、文献综述

国内外学者对本国与国外期货及现货价格的关系进行了大量的研究。如 BIGMAN 等[1]运用线性回归方法检验了 CBOT 小麦、玉米与大豆期货价格与其现货价格的长期关系问题。BOOTH 和 BROCKMAN[2]研究发现，CBOT 与加拿大温尼伯商品交易所（WCE）的小麦期货价格之间存在协整关系，并且是 CBOT 单方面引导 WCE 的期货价格。而 FORTENBERY 和 ZAPATA[3]对美国北卡罗来纳州的大豆市场价格与 CBOT 的期货价格关联情况进行了研究，结果表明它们之间存在长期协整关系。HOLDER 应用 VAR 模型分析了美国 CBOT 和日本 TGE 的大豆和玉米期货价格信息传导，结果表明美国 CBOT 在信息传递过程中占据着主导地位。

我国学者华仁海[4]分别对上海期货交易所（SFE）的铜、铝及橡胶三种商品的期货价格与其现货价格进行研究，表明它们都是长期均衡且互为因果的关系。杨朝峰等[5]在对 SFE 的铜与铝两种商品期货价格与现货价格的关系进行研究后得出：尽管它们的期货与现货价格是长期互动的，但期货价格只是单向地引导现货价格。华仁海[6]对大连商品交易所（DCE）的大豆、郑州商品交易所（ZCE）的小麦及上海期货交易所（SFE）铜及铝四种商品的国内期货价格与 CBOT 的大豆及小麦、英国伦敦商品交易所（LME）铜及铝的国际期货价格进行了相应的研究，结果表明，除去小麦以外的三种商品的国内期货价格与国际期货价格都保持了长期均衡的关系。夏天和程细玉[7]研究发现，大连、芝加哥的大豆期货价格与国产大豆现货价格之间存在长期均衡关系，短期内的价格偏离可以通过自身价格约束机制予以纠正，具有相互影响、相互引导的关系。大连期货市场具备了良好的价格发现功能，居于长期价格发现的主导地位。王骏等[8]研究了中国豆油期货价格与中国南北方两个豆油现货价格的动态关系，发现在中国国内期货市场价格发现功能发挥良好，期货价格成为引导中国豆油生产、加工和贸易的主导因素。

分析以上国内外相关文献，从研究模式上看，大部分是基于两者间长期关系的研究，但期货市场是多种因素相互作用影响的复杂系统，模式过于简化；从研究方法上看，线性回归方法、EG 两步法的协整检验等存在缺陷。本研究运用 VAR 多变量动态系统以及 Johansen 多元协整检验、向量误差修正模型、格兰杰因果检验、脉冲响应函数分析和方差分解等技术方法对我国玉米现货价格与国内外玉米期货价格之间的动态关系进行深入分析，以进一步认识两者的相互作用机制和影响程度等深层次关系。

三、数据来源、研究方法

国际玉米价格指数月度数据、国际玉米期货价格指数月度数据分别来源于中国价格信息网（www.chinaprice.gov.cn）上公布的国际玉米价格 A 指数和 B 指数；国内玉米价格指数月度数据来源于《中国经济景气月报》；国内玉米期货价格指数月度数据根据大连商品交易所（www.dce.com.cn）公布的数据整理得出。由于我国玉米期货市场恢复于2004年9月，故采用2004年9月至2009年12月的月度数据。所有价格数据均以同比指数表示，即上年=100。

为便于研究，将三个价格时间序列表示为：国内玉米价格指数序列为CMXP、国内玉米期货价格指数序列为CMQP、国际玉米期货价格指数序列为NMQP。将以上三个时间序列图形成图1，从中可以看出，虽具体至某一阶段，三者之间存在背离，但长期走势是一致的，因此可以认为国内玉米价格、国内与国际玉米期货价格之间存在良好的关联性。

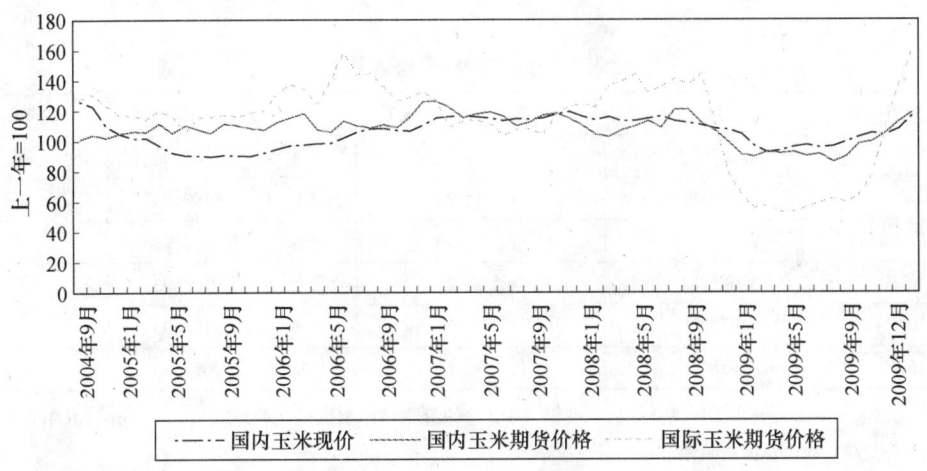

图1 国际国内玉米期货价格与国内玉米价格波动趋势：2004年9月~2009年12月

在此基础上，考虑运用协整分析方法对三者的价格引导与相互冲击机制进行更为深入的研究。计量分析中为避免宏观经济变量的不平稳产生谬回归，首先采用单位根检验来判断数据的平稳性；其次通过协整分析法和VEC模型研究各变量之间的长期稳定和短期动态变化的关系；最后通过脉冲响应来比较国内玉米价格对各变量一个单位正向冲击的反应结果，以及各变量对国内玉米价格的冲击效应分解。本文所有检验结果均使用Eviews 5.0计量经济分析软件。

四、实证分析

（一）协整判断

协整是指非稳定的单整时间序列变量之间存在一个平稳的线性组合，这个组合可能构成一个新的平稳的序列。协整的经济意义在于，虽然各个变量间有各自的长期波动趋势，但如果它们之间的线性组合不具有随机趋势，即它们之间是协整的，则它们之间存在着一个长期稳定的关系。协整理论是从检验变量的平稳性入手，分析非平稳经济变量间蕴含的长期均衡关系。

1. 平稳性检验

运用协整理论研究国内玉米现货价格与国内外玉米期货价格之间的长期关系，首先必须检验变量是否平稳。平稳序列将围绕一个均值波动，并有向其靠拢的趋势，非平稳过程则不具有这个性质。检验变量是否稳定的过程称为单位根检验,较为常用的单位根检验方法 DF 检验,由于不能保证方程中的残差项是白噪音,所以 Dickey 和 Fuller 将 DF 检验法扩充形成 ADF 检验,这是目前普遍应用的单整检验方法。

通过 Eviews 5.1 软件的操作,可得到检验结果(见表1):国内玉米现货价格以及国内、国际玉米期货价格原有的时间序列在5%的显著性水平下都为非平稳变量;然而经一阶差分后(分别用 △CMXP、△CMQP 和 △NMQP 表示相应变量的一阶差分值),在5%的显著性水平下,均拒绝有单位根的假设,即三个序列的一阶差分变量是平稳的,服从 I(1)过程,从而判定它们都是 I(1)序列,三者可以进一步进行协整关系的分析。

表1 序列的 ADF 检验结果

变量	ADF 检验值	检验类型 (c, t, m)	显著性水平	是否平稳
CMXP	-1.267972	$(c, 0, 2)$	5% (-2.910019)	否
CMQP	-2.202888	$(c, 0, 2)$	5% (-2.910019)	否
NMQP	-2.215721	$(c, 0, 2)$	5% (-2.910019)	否
△CMXP	-3.085281	$(c, 0, 2)$	5% (-2.910860)	是
△CMQP	-4.078250	$(c, 0, 2)$	5% (-2.910860)	是
△NMQP	-4.558430	$(c, 0, 1)$	5% (-2.909206)	是

注:①△表示一阶差分;②依据赤池信息准则(AIC)的最小化原则设定检验形式 (c, t, m),其中 c 表示截距项,t 表示趋势项,m 表示滞后阶数。

2. VAR 模型的确定

对变量的协整检验,主要用 Engle – Granger 两步检验法和 Johansen 检验。前者主要针对两变量进行的检验,而后者可用于多变量之间的检验,因此本文采用 Johansen 方法来检验变量之间的协整关系。由于 Johansen 协整检验法是一种基于 VAR 模型的检验方法,在检验之前,必须首先确定 VAR 模型的结构。对于 VAR(k)模型来说,在建立模型过程中首先要确定最为合适的滞后期 k,在这个分布滞后模型中,运用赤池信息准则(AIC)和施瓦茨准则(SC)选择滞后阶数 k。根据 AIC 准则和 SC 准则可以确定,在此模型中最优滞后阶 k 为2。因此可以用 VAR(2)最好地表达出三个变量间的关系,从而得到模型表达公式(1)如下:

$$\begin{pmatrix} CMXP \\ CMQP \\ NMQP \end{pmatrix} = \begin{pmatrix} 1.581 \\ 22.093 \\ 16.429 \end{pmatrix} + \begin{pmatrix} 1.4255 & 0.1244 & 0.0173 \\ 0.2218 & 0.843 & 0.2269 \\ 0.1098 & 0.0645 & 1.3417 \end{pmatrix} \begin{pmatrix} CMXP_{t-1} \\ CMQP_{t-1} \\ NMQP_{t-1} \end{pmatrix}$$

$$+ \begin{pmatrix} -0.6078 & -0.1531 & 0.0603 \\ -0.2200 & -0.1934 & -0.2289 \\ 0.205 & -0.1075 & -0.4135 \end{pmatrix} \begin{pmatrix} CMXP_{t-2} \\ CMQP_{t-2} \\ NMQP_{t-2} \end{pmatrix}$$

$$+ \begin{pmatrix} 0.1423 & 0.0667 & -0.089 \\ 0.056 & 0.0217 & 0.0692 \\ -0.3026 & -0.2246 & -0.0295 \end{pmatrix} \begin{pmatrix} CMXP_{t-3} \\ CMQP_{t-3} \\ NMQP_{t-3} \end{pmatrix} + \begin{pmatrix} e_{1t} \\ e_{2t} \\ e_{3t} \end{pmatrix} \quad (1)$$

3个方程调整的拟合优度分别为：

$$\overline{R}^2_{CMXP}=0.9490, \overline{R}^2_{CMQP}=0.7860, \overline{R}^2_{NMQP}=0.8656 \tag{2}$$

从公式（2）可以看出各个方程的统计检验结果具有较高的拟合程度。VAR模型初步给出了三者组成的经济系统相互作用影响的关系，可以看到三者间首先对自身有着较为强烈的作用机制。其次，三者间的关系表现为相互作用、相互影响的。但是VAR模型并不能深刻揭示三者间经济含义上的长期与短期间更为复杂的关系。这就需要运用VAR模型的协整系统的误差修正机制表达式，即VEC模型。在建立VEC模型前，首先运用Johansen多元协整检验三者间的协整关系，这里选择含常数而不含趋势项的情况，并由此得出结果（见表2）：

表2　协整检验结果

协整方程的假定个数	特征值	迹统计量	5%显著水平的临界值
0*	0.222353	31.13274	29.79707
At most 1	0.113873	9.043752	15.49471
At most 2	0.029394	1.790079	3.841466

注：*表示在5%的显著性水平下拒绝原假设。

由表2可知，协整检验在样本区间内，在显著水平为5%的情况下，国内玉米现价（CMXP）、国内玉米期货价格（CMQP）与国外玉米期货价格（NMQP）之间存在协整关系，即长期的均衡关系。进一步估计出VAR系统中的协整关系式表达如下：

$$CMXP = 2.549887 CMQP - 0.5311 NMQP - 110.0418 \tag{3}$$

将协整关系等于VECM，进而对VECM序列进行单位根检验，发现已经是平稳时间序列，这也验证了三个市场长期协整关系是成立的。VECM项更是向量误差修正模型的核心部分，它表示对变量长期均衡关系在短期内的偏离可以起到纠正调节作用。它的直观表达如图2所示。

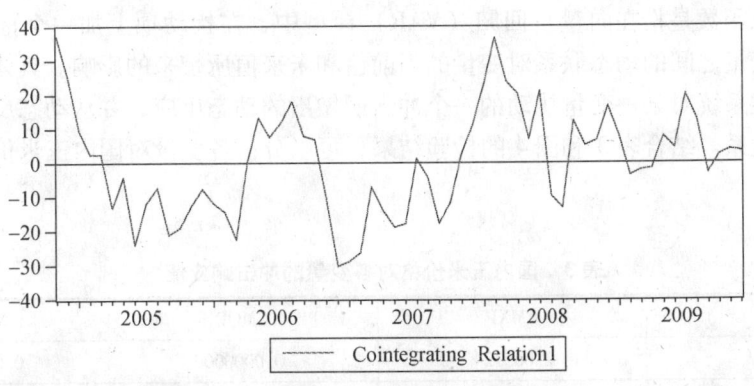

图2　协整关系图

从公式（3）三者的回归系数可以看出，长期看来，国内玉米现货价格与期价是正反馈关系，而与国外玉米期货价格呈现负反馈关系。从公式中可以看出国内玉米期货价格每上涨1个单位,国内玉米现货市场会上涨2.55个单位;但是国内玉米现价上涨1个单位,国外玉米期货价格反而下降0.53个单位。这就表明国内玉米期货市场会对国内玉米现货市场造成较大的波动性,而国际玉米期货市场对国内玉米现货市场造成的波动影响较小。

我国玉米期货市场自推出以来,已经具备了良好的价格发现功能,其对中国的玉米现货市场的价格发现功能也是显而易见的;而与国外玉米期货市场关系不甚紧密,是由于作为世界第二大玉米生产国,我国在玉米的进出口问题上基本还处于自给自足状态,玉米的出口数量受到配额制度的限制,玉米产业还不是一个出口导向型产业。这就导致国外玉米期货的价格与国内玉米期货价格关联性不强,即估计系数较小。

(二)国内玉米价格与国内外玉米期货价格的动态关系

1. 脉冲响应函数

如果全部根的倒数值都在单位圆内,VAR模型就是稳定的,否则不稳定。非稳定的VAR模型不可以做脉冲响应函数分析。由图3可以看出,VAR模型中方程的特征根的倒数均在单位圆内,即VAR模型是稳定的,因此在此建立的VAR模型可以做脉冲分析。

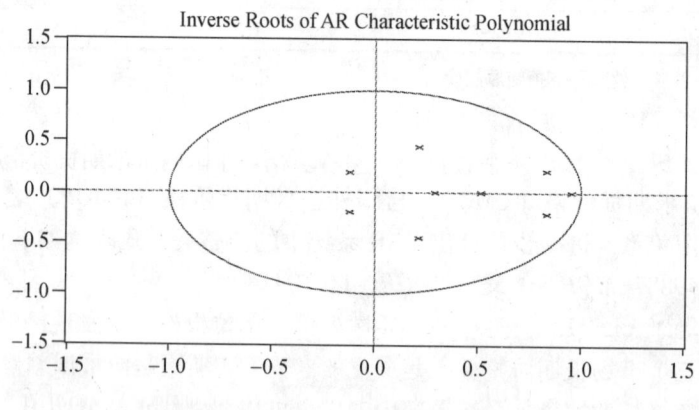

图3　AR根图

脉冲响应函数是指在向量自回归(VAR)模型中,在扰动项上加一个标准差大小的冲击,通过变量之间的动态联系对变量的当前值和未来值所带来的影响。具体地说,脉冲响应函数描述系统对某一变量扰动的一个冲击所做出的动态反应,并从动态反应中判断变量间的时滞关系。结合表3和图4的检验结果,可以分析各变量对国内玉米价格的脉冲响应情况:

表3　国内玉米价格对各变量的冲击响应值

时期	CMXP	CMQP	NMQP
1	2.065124	0.000000	0.000000
2	3.060180	0.595904	0.168160
3	3.376130	1.013250	1.327776
4	3.329630	1.199322	1.935735
5	3.251618	1.312363	1.960419

续表

时期	CMXP	CMQP	NMQP
6	3.140834	1.267320	1.692394
7	2.949312	1.080960	1.312407
8	2.691549	0.836540	0.892714
9	2.408525	0.598162	0.463324
10	2.132071	0.393723	0.053013

2. 方差分析

方差分解是脉冲响应以外的另一种描述系统动态变化的方法。该方法是将系统的预测均方误差分解成系统中各变量冲击所做的贡献,以此可考察 VAR 系统中任意一个变量冲击的相对重要性。比较这个相对重要性信息随时间而发生的变化,就可以估计该变量的作用时滞,同时还可以估计各个变量效应的相对大小,即变量冲击的贡献占总贡献的比例。

表 4 和图 5 是 10 个预测期内国内玉米价格的预测误差分解结果。可以看出,不考虑国内玉米价格自身的贡献率,国内玉米期货价格的贡献率最大。随着时间的推移,贡献度有不断增大的趋势,在第 10 期达到 16%,说明在国内玉米价格的形成中,国内玉米期货价格起着主导作用。而国外玉米期货价格的传递存在 1~2 个月的时滞,且贡献率在前几期都较小,但仍然是逐渐增加的,在第 10 期达到 3.4% 左右。相对于国内玉米期货价格,国外玉米期货价格对于国内玉米价格的形成作用不明显,这主要是由于我国玉米基本处于自给自足状态,玉米的出口数量受到配额制度的限制,玉米产业还不是出口导向型产业。这就导致国外玉米期货价格与国内玉米期货价格关联性不强,进而表现在贡献率上较小。

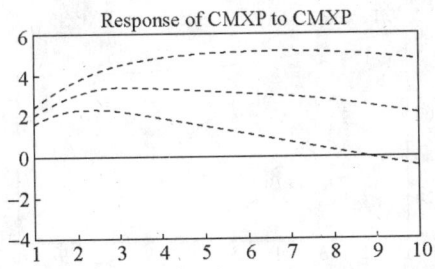

(a) 国内玉米价格对自身冲击的响应

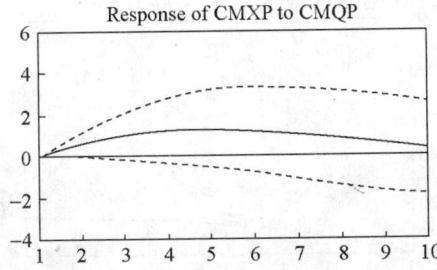

(b) 国内玉米价格对国内玉米期货价格冲击的响应

图 4 国内玉米价格对其他各序列单位冲击的响应

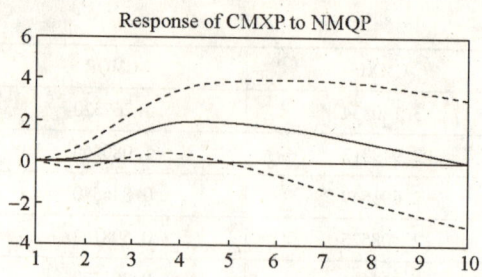

(c) 国内玉米价格对国际玉米期货价格冲击的响应

图 4　国内玉米价格对其他各序列单位冲击的响应（续）

表 4　国内玉米价格波动的方差分解表

时期	标准差（S.E.）	CMXP	CMQP	NMQP
1	2.585207	100.0000	0.000000	0.000000
2	4.592736	96.52647	3.117853	0.355678
3	6.302698	92.00322	6.688044	1.308732
4	7.665938	88.08733	9.597927	2.314746
5	8.682999	85.15915	11.79305	3.047802
6	9.392301	83.16211	13.39344	3.444451
7	9.853547	81.90621	14.52114	3.572649
8	10.13216	81.17928	15.27730	3.543419
9	10.28800	80.78853	15.74779	3.463675
10	10.36900	80.57945	16.00894	3.411614

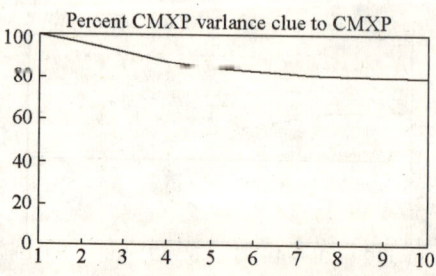

(a) 国内玉米价格自身的贡献率

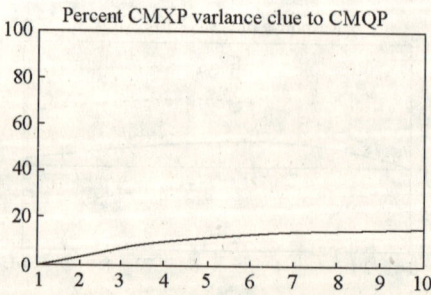

(b) 国内玉米期货价格的贡献率

图 5　国内玉米价格波动的方差分解

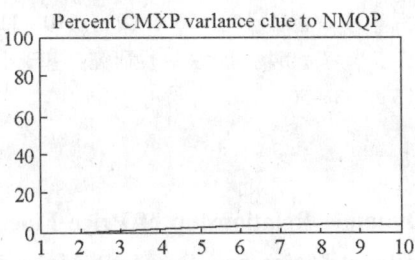

（c）国际玉米期货价格的贡献率

图5 国内玉米价格波动的方差分解（续）

五、结论

本文运用协整分析、误差修正模型、脉冲响应函数与方差分解等经济计量方法对我国玉米现货价格与国内外玉米期货价格之间的动态关系进行分析，得出以下结论：

国内玉米现价（CMXP）、国内玉米期货价格（CMQP）与国外玉米期货价格（NMQP）之间存在协整关系，即长期的均衡关系。从长期看，国内玉米现货价格与期货价格是正反馈关系，而与国外玉米期货价格呈现负反馈关系。国内玉米期货价格每上涨1个单位，国内玉米现货市场会上涨2.55个单位；但是国内玉米现价上涨1个单位，国外玉米期货价格反而下降0.53个单位。这就表明了国内玉米期货市场会对国内玉米现货市场造成较大的波动性，而国际玉米期货市场对国内玉米现货市场造成的波动影响较小。

在价格的传导方面，国内玉米期货价格（CMQP）的贡献率最大，随着时间的推移，贡献度有不断增长的趋势，在第10期达到16%。说明在国内玉米价格的形成中，国内玉米期货价格起着主导作用。而国外玉米期货价格（NMQP）的传递存在1~2个月的时滞，且贡献率在前几期都比较小，但仍然是逐渐增加的，在第10期达到3.4%左右，相对于国内玉米期货价格，国外玉米期货价格对于国内玉米价格的形成作用不明显，笔者推测主要是由于我国在玉米的进出口问题上基本还处于自给自足状态，玉米的出口数量受到配额制度的限制，玉米产业还不是一个出口导向型产业。这样的一个状况就使得国外玉米期货价格与国内玉米期货价格关联性不强，因而表现在贡献率上就比较小。

参考文献

[1] BIGMAN D, GOLDFARB D, SCHECHTMAN E. Futures Market Efficiency and the Time Content of the Information Sets [J]. The Journal of Futures Markets, 1983 (3): 321-334.
[2] BOOTH G G, BROCKMAN P. The Relationship between US and Canadian Wheat Futures [J]. Applied Financial Economics, 1998 (8): 73-80.
[3] FORTENBERY T R, ZAPATA H O. An Examination of Co-integration Relations Between Futures and Local Grain Markets [J]. The Journal of Futures Markets, 1993 (13): 921-932.
[4] 华仁海. 现货价格和期货价格之间的动态关系 [J]. 世界经济, 2005 (8): 32-39.
[5] 杨朝峰, 陈伟忠, 张黎. 期货价格与现货价格关系实证分析 [J]. 经济管理, 2005 (2): 12-16.
[6] 华仁海. 国内国际期货市场期货价格之间的关联研究 [J]. 经济学季刊, 2004 (3): 727-742.
[7] 夏天, 程细玉. 国内外期货价格与国产现货价格动态关系的研究——基于DCE和CBOT大豆期货市

场与国产大豆市场的实证分析 [J]. 金融研究, 2006 (2): 110-117.
[8] 王骏, 蒋荣兵, 刘亚清. 世界玉米期货市场国际关联性研究: 基于中、美、日三国实证分析 [J]. 中国农业大学学报, 2008 (13): 43-50.

Research on the Dynamic Relationship of Price Fluctuations Between International Maize and Domestic Maize Price

ZHANG Bing, LIU Dan

(*Nanjing Agricultural University, Economics and Management Institution, Nanjing* 210095, *China*)

Abstract: This article exam ines correlation between the domestic spot prices of maize and corn futures prices at home and abroad by using the multivariate VAR system, Johansen Multivariate co - integration test, vector error correction model, Granger causality test, impulse response function analysis and variance decomposition methods. The result suggest: the domestic corn futures market will lead to a greater domestic corn spot market volatility, and the international maize corn futures market on the domestic spot market caused smaller fluctuations; In the formation of domestic corn prices, the domestic corn futures prices played a leading role, over time, the contribution of a growing trend, the contribution of foreign corn futures price is lower. To this end, we should strive to expand the participation of corn in the world, further to expand market share, gradually to increase the international market impact.

Key Words: international maize prices; cointegration test; vector error correction model; granger causality test; impulse response function

基于 BP 神经网络模型的玉米价格基差预测

曾星月

（浙江大学 管理学院，杭州 310058）

摘 要 在套期保值交易中，基差的变动方向和大小直接决定了套期保值策略的效果。基差所反映的现货与期货价格的差额波动小于现货价格及期货价格本身的波动，从而可以通过更小的基差风险取代现货市场上的价格风险，使人们的收益和成本得到更好的控制。本文分析并对比了玉米期货与现货价格，得出了基差在一定范围内具有规律性的特点；在此基础上通过构建 BP 神经网络模型，对大连玉米期货市场的基差进行了较为准确的理论预测，为套期保值者做出正确的决策提供了有价值的参考。

关键词 基差预测；BP 神经网络模型；玉米期货

一、引言

伴随全球经济的复苏、中国经济的发展，作为金融市场重要组成部分的期货市场在国民经济中的作用越来越受到重视。中国加入 WTO 后，按照相关的日程表，中国的农业也将敞开国门接受冲击与挑战。如何增强中国农业在国际农产品市场的竞争力一直是专家学者研究的重要课题。农产品期货市场为提高中国农业的国防竞争力起到了重要作用。

20 世纪 80 年代末，随着经济体制改革的深入，市场机制发挥越来越大的作用，农产品价格波动幅度增大，这不利于农业生产和社会稳定。1988 年 2 月，国务院指示有关部门研究国外期货制度。1988 年 3 月，《政府工作报告》指出："加快商业体制改革，积极发展各类批发市场，探索期货交易。"伴随着多项关于健全农产品期货市场文件的出台，我国开始了曲折的期货市场实践。中共中央、国务院 2004 年一号文件《关于促进农民增加收入若干政策的意见》中指出，将农业现代化、产业化和市场化结合到九条意见中，明确提出了完善期货市场为农业服务的观点。2009 年 3 月，温家宝总理视察大连商品交易所时指出，期货市场要立足于为产业服务，为生产者、销售者、消费者提供比较准确的预期，从而指导生产、引导消费。2012 年，中央一号文件也要求充分发挥农产品期货市场引导生产、规避风险的积极作用。

近年来，中国期货市场得到了快速的发展，无论是服务实体经济，还是管理资本市场风险，期货市场功能正得到有效的发挥。商品期货价格与国内现货市场、国际市场价格高度相关，对宏观经济和供求关系反应灵敏，价格信号导向作用明显。期货价格正逐步成为

收稿日期：2012 - 06 - 11
作者简介：曾星月（1990—），女，四川绵阳人，管理学硕士，研究方向：农业经济。

产业链企业的定价基础，也成为企业经营管理和宏观经济监测的重要参考。虽然我国期货市场的发展呈现出良好态势，但发展中的一些问题也是不容忽视的。

期货市场具有套期保值的功能，这项功能的实现是基于三个经济原理：第一，期货价格与现货价格的走势一致；第二，随着期货合约到期日的来临，期货价格及现货价格呈现趋同性；第三，套期保值是以较小的基差风险取代较大的现货价格波动风险[1]。然而，在现实的现货与期货市场中，以上三个条件很难真正实现，即现货与期货价格的波动幅度差异较大，增大了基差风险，给套期保值者带来了无法回避的风险，直接影响套期保值效果。国内外关于基差的研究开始被重视起来。

二、定义及文献回顾

（一）基差的定义

基差（basis），是指某一特定商品在某一特定时间和地点的现货价格与该商品近期合约的期货价格之差，即基差＝现货价格－期货价格。一种商品在正常供给的情况下，其基差会是负值，此种市场是供大于求，近期的期货价格将高于现货价格，使储存者有一定的报偿。相反，当供求关系中出现短缺现象时，持有成本将消失，甚至反过来，形成负的持有成本。现货价或近期的期货价高于远期的期货价格，基差即为正值，此种市场被称为具有折价关系，称之为反向市场。对于初级产品，特别是农产品的基差，除受一般供求因素的影响外，还在很大程度上受季节性因素的左右，使基差在一个时期扩大，在另一个时期缩小，一年一年周而复始。

基差还包含着两个市场间的运输成本和持有成本，前者反映了现货市场和期货市场的空间因素；后者则反映了两个市场的时间因素，持有或储存某一商品由某一时间到另一时间的成本，包括储存费用、利息（占用资金的成本）和保险费、损耗费等。值得注意的是，利率的变动对持有成本影响较大，而其他几项费用则较为稳定。

就同一地区市场而言，理论上，不同时期的基差应充分反映其持有成本是时间的函数，至合约到期的时间越长，持有成本越大，反之则越小。而当非常接近到期日时，期货市场当地的现货价格应与最近期的期货价格接近，其差别就是交割成本。

影响基差的因素非常复杂，因为基差决定于现货价与期货价，凡是可以影响这两者的因素最终都会影响基差。一般包括商品近、远期的供给和市场需求情况，替代商品的供求和价格情况、运输因素、政治因素、季节因素、自然因素等，其中最主要的当然是供求关系。

（二）基差的作用

首先，在有效率的期货市场，基差所反映的差额的波动将小于现货价格及期货价格的波动，即以更小的基差风险取代现货市场上的价差风险，使收益和成本得到更好的控制。而基差的变动大小更直接决定了套期保值策略的效果。如果交易者在进行套期保值之初和结束套期保值之时，基差没有发生变化，则交易者在这两个市场上盈亏相反且数量相等，完全实现了规避价格风险的目的。如果预期基差波动较大，则说明现货与期货市场市场价格波动存在差异，此时采用套期保值手段会增加盈利或亏损的风险。当两个市场的价格趋势相同时，若期货价格波动大于现货价格波动，期货市场的盈（亏）会大于现货市场亏（盈）；若期货价格波动小于现货价格波动，现货市场的盈（亏）会大于期货市场亏

(盈)。当两个市场的价格趋势呈相反方向变动时,若在期货市场发生与现货市场相反的买卖行为时,两个市场同时出现盈利获亏损。两个市场价格波动差异越大,基差的绝对值越大。可以说基差是更好地运用套期保值策略规避价格风险的关键。

其次,基差对于投机交易,尤其是期货、现货套利交易也很重要。如果在期货合约成交后,在正向市场上现货价格和期货价格同时上升,并一直持续到交割月,基差的绝对值始终大于持仓费,会出现无风险的套利机会,套利者就会在卖出期货合约的同时买入现货并持有到期货交割月,办理实物交割。同理,在反向市场上,套利者也可以有类似的操作。套利者利用期货价格与现货价格的差额进行套利交易,这样有助于矫正基差与持仓费之间的相对关系,对维持期货价格与现货价格之间的同步关系,保持市场稳定具有积极的作用。

此外,期货价格是成千上万的交易者在分析了各种商品供求状况的基础上,在交易所公开竞价达成的,较之现货市场上买卖双方私下达成的现货价格,不失为公开、公平、公正的价格。同时期货价格还具有预期性、连续性、权威性等特点,使那些没有涉足期货市场的生产经营者也能根据期货价格确定正确的经营决策。随着期货交易和期货市场的不断发展,期货市场发现价格机制的功能也越来越完善。在国际市场上,越来越多的有相应期货市场的商品,其现货报价就是以期货价格减去基差或下浮一定百分比的形式报出。例如,伦敦金属交易所(LME)的期货价格就成为国际有色金属市场的现货定价基础。这在一定意义上说明基差是发现价格的标尺。

(三)国内外关于基差的研究

国内外公布出来的基差研究为数不多,并且大多研究都针对于对基差影响因素以及股指期货基差风险,很少有学者对基差进行定量预测研究。Bailey,Chan 研究了基差的波动如何反映宏观经济中存在的风险,并提出了相关事实依据[2]。何怡静根据影响基差波动的四种因素,对基差波动的幅度和大小进行了回归,发现影响我国基差波动的主要因素并不是市场成熟到一定程度后的市场微观结构设置,而是反映市场还不够成熟的仓储量和资金量这些传统因素[3]。李春宇在其硕士学位论文中分析了影响基差的影响因素,并使用 ARMA 模型对于基差进行了较好的拟合,可以用于对基差的预测,此外利用误差修正模型表明大商所的大豆基差与 CBOT(Chicago Board of Trade)的基差具有协整关系[4]。刘翔以伦敦金属期货交易所(LME)中三月期期货与现货价格之间的基差序列为研究对象,利用 ARMA、GARCH、EGARCH、TGARCH 等模型对基差序列进行建模,并从趋势和波动两个层面分析仓储量、市场利率、现货价格三个因素对基差变化的影响机理,最后运用 VAR 模型对基差风险进行测度[5]。蒋美云从基差理论着手,实证分析了中国期货市场多种合约的基差情况,结果表明中国期货市场各合约品种基差普遍较大,保值效果并不理想,指出可以利用基差交易增强保值效果[6]。

(四)国内外运用神经网络模型的研究综述

期货及证券价格波动的预测研究一直是极具争议的论题,不同学科从不同角度进行了大量探讨,行为金融学、人工智能、复杂系统科学等对这一领域的研究,也不断取得成果。国外期货市场起步较早,在期货市场预测的研究和实践方面开展了大量有价值的工作,早期对期货市场的研究主要集中在价格行为的研究上。随着人工智能技术的成熟,在期货价格预测上开始广泛使用神经网络方法:GRUDNITSKI,OSBURN 应用神经网络对

S&P指数和黄金的期价进行了预测[7]。DEMATOS等基于前馈网络模型对日元汇率进行了预测[8]。SHAIKH等用神经网络预测标普500指数期货价格的波动[9]。SHAHRIAR等提出一种基于小波变换的预测程序并用来对原油期货进行预测[10]，这些研究成果都是值得借鉴的。近年来，在复杂系统科学理论的基础上，借鉴物理学（气象预报、地震预测）研究方法，创建金融物理模型的研究日趋活跃，如：ARTHUR提出了酒吧模型（Bar Model）[11]。在应用心理学研究方面，也取得一系列成果，如NICHOLAS等学者在1998年建立投资者情绪模型（Sentiment Model）[12]等。这些理论在复杂系统科学体系下，对包含异常现象金融市场模型化研究进行了有益的尝试。但建立在期货市场及现货市场价格基差预测的研究少有公开报道。鉴于上面提到对基差研究的重要性，利用神经网络模型研究预测基差具有一定的学术创新性及重要的应用价值。

综上所述，目前关于基差以及BP神经网络模型的研究存在以下局限：现在对于基差的研究，通常是通过建立回归模型分析其影响因素。影响基差的因素有多种，如商品的供求状况、仓储费用以及一些宏观市场指导性指标等。这些因素都会在一定程度上影响基差，只是不同时期、不同地点的影响程度不同，已有的研究就是针对于某个时空下，对某个因素的影响程度做分析。关于价格的预测也主要是使用一些传统的回归模型，这类模型的预测具有一定的局限性，对数据的线性相关度要求较高，此外还需预先指导预测对象的数字模型，所以具有一定的局限性。目前少有研究专门对农产品的现货价格和期货价格之间的基差变化做数理预测研究。尽管BP神经网络已经应用于各个研究领域，但在期货研究方面也主要是用于期货价格的预测研究，没有将其用来做基差预测的研究。所以，本文的研究具有一定的创新性以及实用性。将BP神经网络模型引入基差的研究中去，给基差预测的研究带来了新的研究方法，为以后的期货市场以及利用期货市场套期保值或者投机的交易活动提供了数据支撑。

三、基差的研究方法及评价

（一）模型预测法

模型预测法是在期货市场市理论发展到一定阶段后，利用历史和现在的数据建立的与数学有关的模型，并利用这个模型对整个期货系统的基本特征做出合理解释，并就未来市场的变化做出定量预测，其最终目的在于掌握价格随时间变化的统计规律。目前，被用于该种方法的预模型很多，包括传统的随机游走模型（Random Walk Model，RW）和指数平模型、移动平均模型（MA）、自回归模型（AR）和自回归移动平均模型（ARMA）、齐次非平稳模型（ARIMA）、马尔可夫预测方法等。其中，齐次非平稳模型（ARIMA）是比较成熟的模型，常被用于对期价（最高价、最低价、开盘价、收盘价）及均价进行预测，通过选择模型的参数和辨识模型的系数实现对时间序列的拟合，进而用拟合的模型对未来进行预测。

（二）神经网络预测法

人工神经网络是在现代神经科学研究成果的基础上，采用仿生学原理，以模仿人类脑部基本功能发展起来的一种计算方法。由此衍生而来的人工神经网络模型是通过把微观层面的分子、细胞研究技术与宏观层面的行为研究技术有效结合后，以数学与物理的方法相结合，并采取信息处理技术完成了对人脑神经网络的抽象，从而建立的某种简化模型。从本质上说，它是一种由大量人工神经元连接而成的一种能够进行复杂的逻辑操作的自适应动态信息处理系统。事实上，人工神经网络并非人脑生物特征的真实写照，而只是对它的简化、抽象与模拟。

（三）与传统方法相比神经网络预测法的优势

市场的商品价格（特别是股票、期货价格），以及企业的信用度（是否会破产），都与投资者的利益有密切关系。要对它们进行预测，首先就必须承认它们之间存在着某些规律。而这些规律完全隐藏在历史数据中，从数学的角度来讲，它们表现为一种函数关系，预测研究的目的就是找出这种关系，并且利用它做决策。而传统的统计方法，能预测一段时间内的大致趋势，但短期的跳跃却往往是投资者更感兴趣的信息。众所周知，传统预测方法有一个共同的局限性，即研究对象的数学模型必须预先知道，然后才能运用数学方法构造模型进行预测。但实际上多数研究对象情况复杂，无法建立精确的模型。而且这种方法虽然在理论上很精确，但却需要复杂、严格的公式推导，缺乏一定容错能力和自学习能力，对参数变化敏感，一旦条件稍作改变就必须重新建立数学模型，适应性很差。另外，传统方法还要预先知道各种参数，以及这些参数在不同条件下的修正方法，而且由于期货市场的变化是一个巨大的非线性系统，期货价格的走势会受到政治、经济、投资者心理等多种因素影响，这些因素使得采用传统分析技术对期货交易进行决策难度极大，不同人的分析结果也存在显著差异。尽管传统分析技术中的平均线图、K线图等图表以其简单易懂等特点而备受青睐，但是这种通过对图形走势和数据表格的研究与分析以预测期货市场变化趋势的工作，最终必须依靠人脑来完成。由于人们知识、能力、经验上存在较大的差异，加之问题本身又具有很大的随机性和高度的非线性特征，即使是一些金融专家、短线高手在面对出现的同一情形进行分析时，也可能会得出不同的结论。

相比之下，神经网络用于期货市场预测更有可能取得好的效果。数学上已经证明，人工神经网络可以以高精度逼近那些无法描述数据规律的函数，而且与这些函数的形式无关。神经网络具有通过学习掌握数据间依存关系的能力，在对期货价格这种非线性数据的预测中具有一定的优越性，比以往依靠数学模型推导、参数寻优的精确的传统方法具有极大的优越性。期货价格走势呈高度非线性，并且成交价、成交量中包含有大量决定价格变动的内在规律和特点，通过对这些交易数据的学习，神经网络能从其中自主地寻找出参数之间的规律和特点，并且对这些规律和特点给出表示，因此用它对期货价格预测比传统方法更为合适。表1给出了传统预测方法与神经网络预测方法的特点对比，可以看出基于神经网络的期货价格预测方法研究有其独具的优势，这也是我们将其用于期货价格预测的原因。

表1 传统预测方法与神经网络预测方法比较

	传统的预测方法	神经网络预测方法
数学模型	必须事先知道	不必知道
参数及其修正	必须事先知道而且要知道修正方法	不必知道
误差平方和计算方法	通过计算求得	反复对照自学习逼近
处理数据	完整严格	不完整亦可
容错性	差	强

(四) 神经网络模型

神经网络（Neural Network）模型是一种用机器语言模仿人类大脑做出决定过程的一种数学模型，是一种大规模并行的复杂非线性动力系统，它可以表示极其复杂的非线性模型系统，这使得它特别适合于求解内部机制复杂的问题。同时，神经网络的信息利用能力较强，可充分利用各种信息，包括有明显因果关系的相关信息和隐含于各种关系间、无法用统计或其他显式方法表示的关系，即对信息处理具有自组织、自学习、知识推理等特点，尤其对非结构非确定性规律具有自适应功能。

在数学意义上，神经网络是利用训练样本实现从输入到输出的任意非线性复杂函数对应关系的映射，神经网络预测法不是描述对象模型或者拟合对象模型，而是通过建立这种映射关系来体现对象的内在规律，它不需要建立某种确定的数学模型，不需要设定各变量的参数，可以通过模拟人的学习过程，从复杂的数据中找出数据的规律。神经网络模型在非线性建模方面具有独特的优势，可以更好地处理期货市场的真实情况。

神经网络模型由大量的处理单元——神经元相互连接组成。其中在求和之前所做的变化都是线性变化，为了使神经元能够进行非线性运算需要通过函数 U 进行变换。激活函数一般有跃进型、线性型和 S 型三种。对于非线性连续型数据一般采用 S 型函数，即 Sigmoid 函数：$f(x) = 1/(1 + e^{-x})$。又因为 Sigmoid 函数的取值是在 0 到 1 之间的，所以经常要对样本的输出归一化处理。

四、玉米价格基差的实证分析

本文选取了玉米期货价格和现货价格之间的基差作为分析对象，因为玉米是重要的饲料原料，玉米在配合饲料中所占比重可达到 60% 左右，其价格波动对于饲料企业影响很大。运用玉米期货，可以有效利用发现价格和规避风险功能来引导玉米产地的种植结构调整，促进农民增收，还能吸引社会游资分担产业风险，提高企业市场竞争力，对于提高我国在国际玉米市场中的竞争优势有着重要的现实意义。

（一）数据来源

为了分析我国玉米基差的变化，需要得到玉米期货和现货价格数据。考虑到数据的可得性和代表性，为克服期货价格的不连续性，本文参考现有研究，选取大连商品交易所主力玉米期货合约（即近期月份的期货合约）的连续周价作为基差分析中的期货价格，这样便有利于我们分析玉米现货和期货价格走势。比如，2009 年 1 月第 1 周的期货价格为玉米 0503 在此周的周收盘价。

同时，本文选取 2009 年 1 月至 2012 年 12 月的全国玉米现货周价作为基差分析中的现货价格，选取同期的大连商品交易所玉米期货周收盘价作为基差分析中的期货价格。但由于期货交易受节假日等因素的影响，不是每周都存在收盘价，因此我们忽略期货停盘期的周现货价格。这样，我们一共选取了 239 组期货与现货价格数据。

（二）基差历史趋势

预测玉米期货现货价格的基差，主要是要解决以下问题：一是玉米期货价格与现货价格相关度程度如何，是否有一致的相关性，以便满足期货市场内的交易者利用基差套期保值或投机的需求；二是基差是否有规律地在一定范围内波动。在具体研究中，本文通过现有数据，用统计的方法绘制玉米期货价格与现货价格之间的相关关系，描述其基差的波动情况，对现有情况有一个大致了解及预测后，通过 MATLAB，利用 BP 神经网络模型预测基差走势。

根据中华粮网数据中心和大连商品交易所统计数据中心搜集到的数据得出 2009 年 1 月至 2012 年 12 月基差走势如图 1 所示。

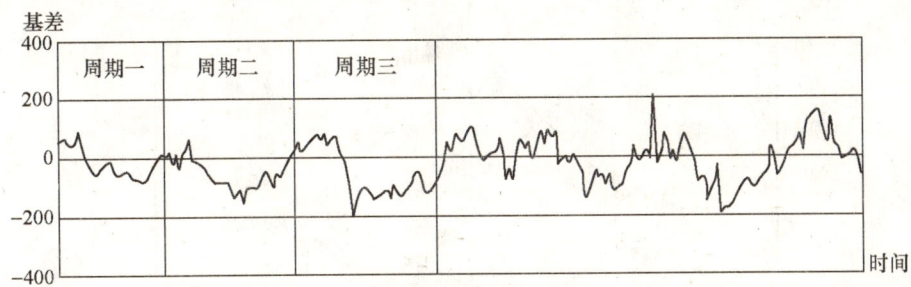

图1　2009 年 1 月至 2012 年 12 月基差走势图

由图 1 可以直观地看出，玉米期货与现货价格的基差基本上围绕其平均值周期性地上下浮动，没有明显偏离 0，说明两种价格的时间序列走势是相似的。

（三）本文模型的构建

本文采用的 BP 神经网络（Back - propagation Neural Network，BP 网络）是神经网络模型的一种，也称误差反向传播神经网络，它是由非线性变换单元组成的前馈网络[13]，一般的多层前馈网络也指 BP 网络[14]。在神经网络的实际应用中，80%～90% 的人工神经网络模型采用的是 BP 网络或它的变化形式，它也是前馈网络的核心部分。

BP 算法由一个输入层、一个或多个隐层以及一个输出层组成，不仅含有输入输出节点，而且含有一层或多层隐节点，每一个节点的输出值由输入值、作用函数和阈值决定。学习过程由信号的正向传播和误差的反向传播两个过程组成。正向传播时，输入样本从输入层传入，经过权值的处理传播到隐节点，在隐节点层经过各单元的特性为 Sigmoid 型的激活函数运算后，传向输出层。若输出层的实际输出与期望输出不符，则将转入误差的反向传播阶段。误差反传则是将输出误差以某种形式通过隐含层向输入层逐层反传，并将误差分摊给各层的所有单元，从而获得各层单元的误差信号，此误差信号即作为修正各单元权值的依据。这种信号正向传播与误差反向传播的各层权值调整过程，是周而复始地进行的。权值不断调整过程就是网络的学习训练过程。直到训练网络输出的误差减少到可以接受的程度，或进行到预先设定的学习次数为止。最基本的三层 BP 人工网络结构如图 2 所示。

其中，输入层就是将待分析的数据输入神经网络模型，该层可以由若干神经元组成。输入层的下一层是隐藏层，一个神经网络模型的隐藏层可能不止一个，它通过建立一个对输入数据的映射来探索输入数据间的相关性、因果关系等特征。关于隐藏层的层数的选择，CYBENKO 指出，当各结点均采用 S 型函数时，一个隐藏层就足以实现任意连续函数的逼近，只有当学习不连续函数时，才需要两个隐层[15]。最后一层是输出层，每个输出层的神经元都会收到来自隐藏层神经元的信息，并输出我们想要的最终的结果。隐藏层神经元的数量能够影响模型学习的效果和速度,但是目前并没有一个固定的公式来确定隐藏层神经元的数量。一种经验方法是:$\theta = \sqrt{\alpha + \beta} + \delta$。其中,$\theta$ 为隐藏层神经元的数量,α 为输入神经元数,β 为输出神经元数,δ 为 [1,10] 之间的常数。

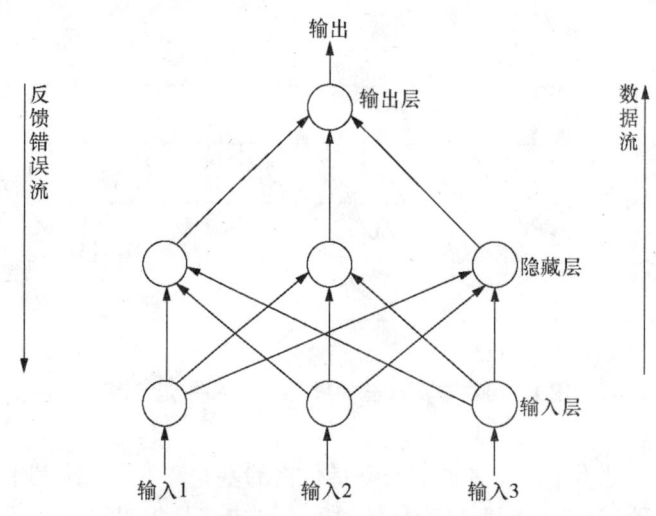

图2 三层BP人工网络结构

（四）实证分析

本文用软件 MATLAB R2009A 进行 BP 神经网络模型的分析,分析对象是基差值。为了使模型的训练具有代表性,训练数据包含了两个波动周期（从2009年1月第1周到2010年8月第3周,共78个数据）;预测数据包含了第三个波动周期（2010年8月第1周到2011年5月第2周,共39个数据）,这样可以使模型通过训练得到的经验应用到数据的预测中,使预测的准确程度提高。经过试验可以发现,当训练数据为 13×6 的矩阵时效果最好。因此,训练目标应该表示成 1×6 的矩阵,即2010年8月第4周到2010年10月第2周的连续6个数据;预测数据应该表示成 13×3 的矩阵。这样得到的预测结果为一个 1×3 的矩阵,即2012年5月第3周、第4周和2012年6月第1周的3个数据。

激活函数用以决定激活函数的形状,不同的激活函数,网络的训练效果是不同的。MATLAB 提供了3种常用的激活算法 Traingdx、Traingdm、Traingd。其中 Traingdx 为学习速率自适应算法,训练速度比 Traingd 快,但是经常用在批量数据预测中；Traingdm 为动量自适应梯度下降算法,可通过动量的梯度下降和自适应的学习速率来改变误差曲面的倾斜度,训练速度比 Traingd 快；Traingd 为基本的梯度下降算法,训练速度相对比较慢[16]。本研究采用的激活函数为 Traingd。

因为采用的激活函数属于 Sigmoid 函数,且 Sigmoid 函数的取值是0到1之间的,因此在计算之前需要对输入的数据进行归一化处理,并对输出的数据进行反归一化处理。本文采用 MATLAB 自带的函数 premnmx、postmnmx 和 tramnmx 进行归一化和反归一化的变换。

学习速率决定每一次循环中所产生的权值变化量。大的学习速率可能导致系统的不稳定,但小的学习速率会导致学习时间较长,可能收敛速度很慢,不过能保证网络的误差值不超出误差表明的低谷而最终趋于最小误差值。所以在一般情况下，倾向于选取较小的学习速率以保证系统的稳定性，本研究设定的学习速率为 0.001。

根据确定隐藏层神经元数量（θ）的经验公式（1）得到 θ 的范围为 [5, 14]。因为每次初始化网络时都是随机的，而且训练终止时的误差也不完全相同，结果训练后的权值和阈值也不完全相同，所以每次训练后的结果是不同的。为了得到相对准确并且稳定的预测结果，我们对 θ 的各取值均训练 10 次，计算其去掉一个最大值和最小值后的平均绝对误差（MAE）和标准差。其中 MAE 的值越小，说明拟合程度较高。$MAE = \frac{1}{N}\sum_{i=1}^{N}|y - y_i|$，y 为真实值，$y_i$ 为预测值。此外，本研究进行预测实验时设置的最大训练次数为 5000 次，目标误差为 0.01。

试验发现，当 θ 为 10 时，MAE 和标准差均最小，说明隐藏层神经元的数量为 10 时预测结果最为准确、稳定。在 θ 为 10 的条件下，通过 10 次预测得到一个 10×3 的矩阵。分别去掉矩阵各列的最大值和最小值之后计算各列的平均值（x）、标准差（y）和 MAE，其中 x 就是本研究的预测结果，即 2012 年 5 月第 3 周、第 4 周和 2012 年 6 月第 1 周的基差预测值（见表 2）。

表 2　预测结果

	2012 年 5 月第 3 周	2012 年 5 月第 4 周	2012 年 6 月第 1 周
预测值	37.27	4.99	23.44
标准差	10.57	19.14	12.33
MAE	7.63	14.51	9.35
真实值	39.94	6.94	21.43

通过比较预测值和真实值可以发现，本研究预测结果的拟合程度比较高，说明通过 BP 神经网络模型可以较为准确地预测出我国玉米期货与现货价格基差的理想值。

五、结论与对策

（一）研究结果

为了更好地利用期货市场的套期保值功能，需要对期货价格与现货价格的基差进行分析和预测。本文首先绘制了 2009 年 1 月至 2012 年 12 月每周的期货价格与现货价格的曲线图和基差变动曲线图，分析了玉米期货价格与现货价格的相关性，分析了基差的变动规律。然后在前人研究的基础上，尝试运用 BP 网络神经模型对我国玉米的期货与现货的基差进行了预测研究。本文首先通过编写 MATLAB 代码得到了基差预测研究的程序，然后以 2009 年 1 月第 1 周到 2010 年 8 月第 3 周的 78 个数据为训练集，以 2010 年 8 月第 4 周到 2010 年 10 月第 2 周的连续 6 个数据为训练目标，以 2011 年 8 月第 1 周到 2012 年 5 月第 2 周的 39 个数据为预测集，最终得到 2012 年 5 月第 3 周、第 4 周和 2012 年 6 月第 1 周的基差预测值与真实值之间误差在可接受范围内。

经过综合分析，本研究得到以下主要结果：玉米期货价格与现货价格具有一定的相关性，能满足期货市场内的交易者利用基差套期保值或投机的需求。玉米期货与现货价格的基差基本上围绕其平均值周期性地上下浮动,其波动的规律性值得进行探究和预测。本研究建立编写的 MATLAB 程序可以较为准确地预测出基差在数学上的理想值,预测的稳定性和误差在可以接受的范围之内。

(二)政策建议

期货交易中的套期保值者以及投机者均可根据基差预测实现自身利益最大化。除此之外,基差预测对于国家粮食宏观调控部门也具有一定的参考价值。通过基差正负,判断农产品市场供求情况。正常情况下,基差表示的是现货持仓费用,也就是将现货放至期货合约交割期时产生的成本,那么期货价格是高于现货价格的,基差的值也是负数。如果预测到近期基差的值为非负数,说明现货价格将大于或者等于期货价格,这个信息告诉我们:该商品将面临供小于求的状态。国家或者相关粮食机构,就可以根据这种情况做提前的宏观政策部署。以下是笔者的一些建议:一是各个地区之间的农产品供给状况不同,可以根据基差差异,在本国各个地区之间调控粮食供给。比如将农产品基差为负数地区的粮食调到基差为非负数的地区。二是在一年中,以及年与年之间的基差都有差异。可以根据基差预测,调控各个时段的粮食供给,供大于求时囤积粮食,供小于求时补给粮食。期货价格是成千上万的交易者在分析了各种商品供求状况的基础上,在交易所公开竞价达成的,较之现货市场上买卖双方私下达成的现货价格,不失为公开、公平、公正的价格。同时期货价格还具有预期性、连续性、权威性等特点,使那些没有涉足期货市场的生产经营者也能根据期货价格确定正确的经营决策。所以,在确定农产品的期货价格后,可以通过基差预测得到现货价格的预测。虽然不能保证完全准确,但是大致趋势是一致的。国家相关部门可以利用基差来预测未来某一时期的现货价格,有利于实现农产品价格的宏观控制。

参考文献

[1] 中国期货业协会编著. 期货市场教程 [M]. 北京:中国财政经济出版社,2001.
[2] BAILEY, W, CHAN, K C. Macroeconomic Influences and the Variability of the Commodity Futures Basis [J]. Journal of Finance, 1993, 48: 555 – 573.
[3] 何怡静. 我国商品期货市场基差波动性研究 [D]. 中南大学硕士学位论文,2005.
[4] 李春宇. 大商所大豆期货基差实证分析 [D]. 东北财经大学硕士学位论文,2009.
[5] 刘翔. 基差的影响因素及其风险测度——以 LME 三月期期铜为例 [D]. 中山大学硕士学位论文,2009.
[6] 蒋美云. 期货市场基差与套期保值效果的实证研究 [J]. 北方经贸,2001 (12):4 – 12.
[7] GRUDNITSKI G, OSBURN L. Forecasting SPA and Gold Futures Prices: an Application of Neural Networks [J]. Futures Markets, 1993, 13 (2): 633 – 643.
[8] DEMATOS G., BOYD M S., KERMANSHAHI B. Feed Forward Versus Recurrent Neural Networks for Forecasting Monthly Japanese Yen Exchange Rates [J]. Finance Engineer, 1996, 2 (1): 59 – 75.
[9] SHAIKH A, HAMID Z I. Using Neural Networks for Forecasting Volatility of S&P 500 Index Futures Prices [J]. Journal of Business Research, 2004, 11 (7): 16 – 25.
[10] SHAHRIAR Y, ILONA W, DOMINIK R. Wavelet – based Prediction of Oil Prices [J]. Chaos, Solitons and Fractals, 2005, 25 (4): 265 – 275.
[11] ARTHUR W B. Inductive Reasoning and Bounded Rationality [J]. American Economic Review, 1994, 84 (2): 406 – 411.
[12] NICHOLAS B, ANDREI S, ANDROBERT V. A Model of Investor Sentiment [J]. Journal of Financial

Economics, 1998, 49 (3): 307 – 343.
[13] 阎平凡, 张长水. 人工神经网络与模拟进化计算 [M]. 北京: 清华大学出版社, 2000.
[14] 蔡自兴. 人工智能及其应用 [M]. 北京: 清华大学出版社, 2000.
[15] CYBENKO, G. V. Approximation by Superpositions of a Sigmoidal Function Mathematics of Control [J]. Signals and Systems, 1989, 2 (4): 303 – 314.
[16] 黄颖, 白玫, 李自珍. 基于神经网络的期货市场预测及模型实现 [J]. 数学的实践与认识, 2003, 3 (38): 6 – 12.

Research on the Price of Corn Design based on BP Neural Network

ZENG Xing – yue

(*School of Management, Zhejiang University, Hangzhou 310058, China*)

Abstract: As we know, the efficiency of hedging depends on the changes of basis. The fluctuation of the difference between spot and futures prices is less than the volatility of the spot price and futures price themselves. So we can use the risk of basis to replace the risk of the spot market, which is a better way to control the benefits and costs. In this thesis, we process the spot and futures price data and find the regularity of the basis. And then construct a BP neural network model to forecast the corn basis, which is tested to be a good way to do forecasting and can give the producers and the crop company valuable suggestions when they make management decision.

Key Words: basis forecast; BP neural network model; corn futures

国有粮企销售量与粮食价格的相关性分析及解释

赵 霞

(南京财经大学 粮食安全与战略研究中心,南京 210003)

摘 要 阐明国有粮食企业销售量与粮食价格的关系,对稳定粮价和保障粮食安全至关重要。研究以2005~2011年的国有粮食企业销售量、粮食批发价格指数的月度时间序列数据为依据,采用互谱分析方法分析了国有粮食企业销售量与粮食批发价格指数波动之间的相关关系。分析结果表明:国有粮食企业销售量与粮食批发价格指数波动存在相关关系;在短周期以及长周期波动中,国有粮食企业销售量与粮食价格波动相关性大,且粮食企业粮食销售量对价格的影响起主导作用。

关键词 粮食;价格;销售量;互谱分析

一、引言

粮食安全始终是关系我国国民经济发展、社会稳定和国家自立的全局性重大战略问题。根据1983年联合国粮农组织对粮食安全所做的定义"确保所有人在任何时候能够买得到也能够买得起他们所需的基本食物",可以看出,粮食供给能力和粮食购买力是保障粮食安全的两个核心要素。其中,粮食供给能力是粮食安全的必要条件,粮食购买能力是在粮食供给充足的情况下实现粮食安全的充分条件,它决定了人们最终所能获得的粮食数量。在消费者收入既定的条件下,粮食价格稳定是保障消费者粮食购买能力的重要条件,是保障粮食安全的重要内容。

随着粮食流通体制改革的深入,粮食价格形成的市场化程度不断提高,影响粮食价格的因素日益增多并复杂化,但最重要的影响因素依然是粮食供应的多少。粮食批发市场在促进不同区域的粮食流通中发挥了巨大的作用,国有粮食企业作为粮食批发市场的重要供应主体,是国家实行粮食宏观调控稳定粮食批发市场的重要载体,在稳定市场供应和粮价中发挥着主导作用。根据国家有关规定,国有粮企必须实行顺价销售,即国有粮站、粮库等粮食购销企业出售的原粮及其加工的成品粮,必须以粮食收购价

收稿日期:2012-07-27

基金项目:国家自然科学基金项目"供应链视角下粮食产区和销区利益协调政策的模拟与优化"(No.71403114)、粮食公益性科研专项"粮食产后损失浪费调查及评估技术研究"(No.201513004)、江苏高校优势学科建设工程资助项目;江苏省高校哲社重点研究基地重大项目资助项目。

作者简介:赵霞(1980—),女,江苏泰兴人,副教授,管理学博士,研究方向:农产品供应链、粮食流通管理。

格为基础,加上合理费用和最低利润形成的价格进行销售。由此可见,为了稳定粮食批发市场价格,作为粮食批发市场重要主体的国有粮企可以通过控制粮食销售量对粮食价格产生一定作用。然而,粮食销售量与粮食批发价格是否存在相关性,在短、中、长周期内又如何表现,到目前还没有文献做过这方面的研究。定量分析粮食销售量与粮食批发价格的相关性,对国有粮食企业如何发挥宏观调控作用、稳定粮食价格具有指导意义。

二、文献综述

粮食波动与粮食安全问题密切相关,然而目前对粮食波动的研究多集中在各地方以及国家粮食产量上,如马九杰等[1]讨论了农业自然灾害风险对粮食综合生产能力、粮食安全的影响,以及自然灾害抵御能力对粮食生产能力培育、降低粮食不安全性的作用,认为加强农田水利建设提高抵御自然灾害风险的能力是提高粮食综合生产能力的重要策略。俞云和李芳[2]根据中国近30年的粮食产量统计资料,引入变截距双对数模型对不同阶段农业气象灾害对粮食产量的影响进行计量分析,结果表明,农业气象灾害对粮食产量的负面影响均较为显著,并且农业气象灾害对粮食产量影响的程度呈不断下降的趋势。龙方等[3]认为中国稻谷总产量年际变化主要是由播种面积变化和单产变化决定的,在稻谷单产变化中,自然灾害影响产量与其他灾害成灾率的关联度最大,然后依次为水灾受灾未成灾率、其他灾害受灾未成灾率、水灾成灾率、旱灾成灾率和旱灾受灾未成灾率。因此,要稳定发展中国的粮食生产,必须重视农业防灾、减灾能力建设。尹世久等[4]对我国粮食产量波动的影响因素进行了分析,认为灌溉面积、农业生产资料、农产品价格、粮食播种面积等是影响粮食产量的主要因素,化肥投入量对粮食产量的影响在经历一个不断增强的上升阶段之后将呈现逐步下降的趋势。

有关粮食价格波动以及成因一直是学术界关注的问题。影响因素主要包括农业自然灾害、制度因素等。如谢永刚[5]分析研究了重大水旱灾害导致粮食价格变动的情况,认为水旱灾害程度、救济方法、交通运输以及抗灾能力与价格波动有着密切关系。李军等[6]对清代山西自然灾害与粮价波动进行了相关度分析,认为二者呈显著相关,但这种相关是微弱的,偏向低度相关。曹慧和秦富[7]利用GARCH(1,1)模型对小麦批发价格的时间序列进行建模,发现由前期价格代表的存粮情况对现期小麦价格影响显著,前期的高价会引发未来小麦市场较大的价格波动;考察期间两次大的粮食市场改革虽然对短期小麦价格有影响,但并未引发剧烈的小麦价格波动。王川[8]研究了我国粮食期货市场与现货市场价格关系,分析当前期货市场价格发现功能的发挥程度,探讨期货价格与现货价格的影响因素。从20世纪90年代初开始,我国就开始了粮食购销市场化的进程,其间虽然有反复,但全面市场化的趋势已不可逆转。尤其是2001年以后,政府对粮食市场的调控明显降低,粮食价格主要由市场来决定。在市场机制的作用下,粮食价格的变化随着供求关系的变化而变化,各市场主体同时面对的市场风险急剧放大,进一步加大了粮食市场的不确定性。批发市场作为粮食流通中的一个重要环节,其的批发价格对粮食零售价格有着重要影响,直接关系到居民的粮食购买力,是粮食安全的重要环节。国有粮食企业作为粮食批发市场的重要供应主体,毫无疑问它的粮食销售量对粮食批发价格一定存在某种联系,国有粮食企业粮食销售量与粮食批发价格之间的关系是粮食价格波动研究领域的一个重要问题。然而，据笔者调研，暂未发现有关国有粮企销售量与粮食价格关系的研究文献。

本文以谱分析法为工具，这是因为谱分析法不但能分析单个经济变量的周期波动特征，还可以通过互谱分析来研究不同时间序列对应频率分量之间的相互关系，如相关程度和相位差（超前、滞后关系）；并往往可以得到常规时间序列的时域分析方法（如格兰杰因果检验与协整分析、广义差分回归分析和误差修正模型等）难以得到的结果[9]。因此，对国有粮食企业销售量与粮食价格的相关性进行分析，可以深刻认识粮食批发市场的运行规律，对充分发挥国有粮食企业的主渠道作用，完善粮食购销制度，促进粮食流通体制建设，有效保障国家粮食安全具有重要意义。

三、互谱分析模型与数据

（一）互谱分析模型

本文以 2005~2011 年的国有粮食企业销售量、粮食批发价格指数的月度时间序列数据为依据，利用谱分析法来研究二者的相关性。

与时域分析方法相比谱分析法具有的优点包括[10]：①谱分析法具有理论基础深厚和逻辑严密的特点，其计算、分析和判断过程具有具体标准可减小分析判断的主观性；②谱分析法不损失样本点，所有数据都参与方程估计，包含了时间序列特征的全部信息。因此在时间序列分析方面，谱分析方法有其他方法难以替代的优势。谱分析的基本思想是把时间序列看作互不相关的不同频率分量的叠加，利用傅立叶变换等手段将各频率的分量加以分解，通过谱密度函数（自谱密度和互谱密度）来衡量各分量的相对重要性以找出序列中存在的主要频率分量。

根据谱分析的理论，二元平稳时间序列 $\{X_t\}$ 和 $\{Y_t\}$ 的互谱密度函数 $h_{XY}(f)$（或称互谱）为互协方差函数 $R_{XY}(k)$ 的傅立叶变换，即：

$$h_{XY}(f) = \sum_{k=-\infty}^{\infty} R_{XY}(k) e^{-i2\pi fk}, |f| \leq 1/2 \tag{1}$$

当 $\{X_t\}$ 和 $\{Y_t\}$ 相同时，式(1)则为序列的（自）功率谱。互谱 $h_{XY}(f)$ 集中反映了两个序列之间在频率域上的相互关系，即两个序列在不同频率 f 处的相关情况，包括量值大小和相位关系。通常互谱 $h_{XY}(f)$ 为复数，不太容易分析和解释。为此，在实际中常使用互谱的极坐标表示，并考虑用排除自身量值大小影响的相干谱（coherency spectrum）和相位谱（phase spectrum）等函数来表示。相干谱 $\omega_{XY}(f)$ 被定义为：

$$\omega_{XY}(f) = |h_{XY}(f)|/\sqrt{h_X(f)h_Y(f)} \tag{2}$$

其中，$h_X(f)$ 和 $h_Y(f)$ 分别表示 $\{X_t\}$ 和 $\{Y_t\}$ 的功率谱，$|h_{XY}(f)|$ 为互谱幅值（模）。相干谱实际上是两个序列中频率为 f 的分量的幅值乘积的标准化均值，其取值范围为 [0, 1]，相干谱越接近 1，表示两序列在频率 f 处越相关（实用中还常用相干谱的平方衡量相关程度）。

若令互谱 $h_{XY}(f)$ 的实部和虚部分别为 $a_{XY}(f)$ 和 $b_{XY}(f)$，则相位谱 $\theta_{XY}(f)$ 为[6]：

$$\theta_{XY}(f) = \arctan[a_{XY}(f)/b_{XY}(f)] \tag{3}$$

相位谱则表示两个序列在对应频率 f 处的相位变换关系的均值，它反映了序列间各频率分量的相位差即超前、滞后关系，相位差取值被限定在区间 $[-\pi, \pi]$ 内。若 $\theta_{XY}(f) < 0$，则说明 $\{X_t\}$ 的波动滞后于 $\{Y_t\}$。值得说明的是，由相位谱所给出的时差关系是

相对于两个序列的整个波动过程而言的,而不仅是靠某些点做比较来确定领先与滞后。与其他方法相比而言,相位谱能从整体上更好地把握各周期波动之间的时差关系,尤其对不规则的波动,这一方法尤为合适。

互谱分析即对上面这些谱函数进行分析,画出相干谱和相位谱的函数曲线(谱曲线)。通过对这些谱曲线形状和特征的分析可以更直观地解释二元序列的频谱结构及相互影响。由相干谱曲线观察序列之间在频域上的相关性,由相位谱判断序列之间的时差。互谱分析是相对于整个序列波动过程而言的,因而能从整体上更好地把握序列之间的结构关系。

由于仅能获得本文所研究的时间序列如价格序列、成灾率序列在有限时间区间的离散数值,而这些数据难以获得序列的解析式,所以文中采用式(1)和式(3)的离散形式经由数值计算得到有关互谱密度,而无法给出互谱密度的解析表达式。具体地,下文采用 Matlab 提供有关谱密度计算函数进行相干谱和相位谱的数值计算。

(二)数据来源

由于数据的可获性,本文选取了 2005 年 1 月至 2011 年 12 月共 84 对样本数据(见图 1)。国有粮食企业粮食销售量(Sales of State-owned Grain Enterprises,SSGE)来源于《中国粮食经济》(月刊)的"权威专栏",粮食批发价格指数(Grain Wholesale Price Index,GWPI)来源于郑州粮食批发市场网站上的月度《中国粮油市场分析报告》[①]。表 1 给出了 SSGE 与 GWPI 两个序列数据的基本统计描述。

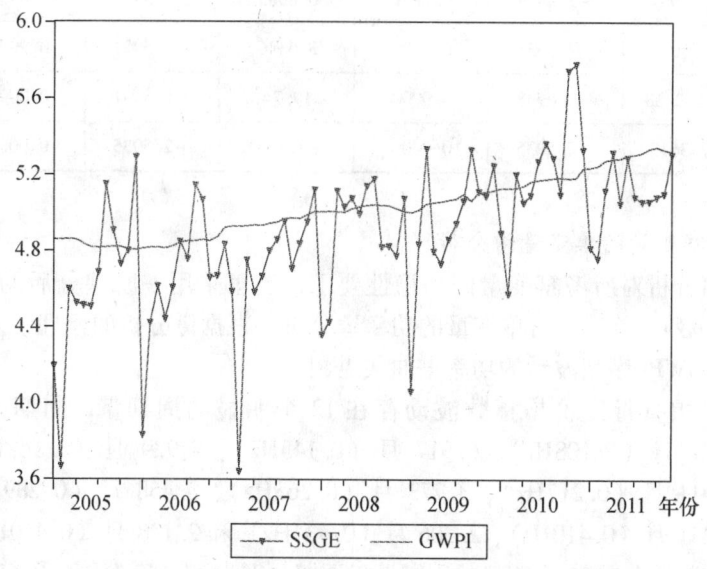

图 1 全国国有粮食企业粮食销售量与粮食批发价格指数序列

注:国有粮食企业销售量原始序列的单位为亿公斤原粮,粮食批发价格指数为(1994 年 6 月 = 100),图中数据已经过对数化处理。

---

① 详见网址 http://www.czgm.com/news/threeShow.aspx?Id=31。

表1 SSGE与GWPI两个序列数据的基本统计描述

	Mean	Median	Maximum	Minimum	Std. Dev.
SSGE	4.8796	4.8991	5.7800	3.6405	0.3824
GWPI	5.0260	5.0100	5.3465	4.8041	0.1606

四、SSGE与GWPI波动的周期性分析

（一）所考察变量的平稳性检验

为了满足谱分析对所考察变量的平稳性要求，首先对SSGE以及GWPI分别进行单位根检验。检验结果见表2。表2显示，两个变量无论是ADF检验还是PP检验，t-统计量均大于1%显著性水平的临界值，接受原假设，是不平稳序列。然而，两个变量的一阶差分无论是ADF检验还是PP检验，t-统计量均小于1%显著性水平的临界值，拒绝原假设，是平稳序列。

表2 变量的单位根检验结果

变量	ADF检验			PP检验			平稳性
	t-统计量	1%临界值	概率值（P值）	t-统计量	1%临界值	概率值（P值）	
SSGE	0.3966	-2.5938	0.7959	0.8585	-2.5931	0.8935	不平稳
GWPI	3.7360	-2.5931	0.9999	3.6346	-2.5931	0.9999	不平稳
D(SSGE)	-11.2588	-2.5938	0.0000	-19.7427	-2.5931	0.0000	平稳
D(GWPI)	-7.3633	-2.5935	0.0000	-7.5334	-2.5935	0.0000	平稳

（二）所考察变量的单变量谱分析

为了满足谱分析对所考察变量的平稳性要求，这里采用一阶差分后的序列，简称为SSGE与GWPI序列。首先进行单变量的功率谱分析。根据谱分析的原理，采用Matlab 7.1编程，SSGE与GWPI序列波动的功率谱曲线见图2。

从图2可见粮食批发价格指数波动存在12个明显的周期量，周期分别为16.6月（0.06Hz）、9.222月（0.108Hz）、6.917月（0.145Hz）、5.929月（0.169Hz）、5.188月（0.193Hz）、4.611月（0.217Hz）、3.773月（0.265Hz）、3.458月（0.289Hz）、2.862月（0.349Hz）、2.441月（0.410Hz）、2.306月（0.434Hz）和2.128月（0.470Hz）；国有粮食企业粮食销售量波动存在11个明显的周期量，周期分别为27.667月（0.036Hz）、11.857月（0.084Hz）、6.917月（0.145Hz）、5.929月（0.169Hz）、5.188月（0.193Hz）、3.952月（0.253Hz）、3.320月（0.301Hz）、2.964月（0.337Hz）、2.594月（0.386Hz）、2.371月（0.422Hz）和2.128月（0.470Hz）。数据表明，2005年1月至2011年12月粮食批发价格指数序列、国有粮食企业粮食销售量序列存在显著的周期性波动现象，且主波动周期为2~6月。并且粮食批发价格指数和国有粮食企业粮食销售量的波动均以6.917月、5.929月、5.188月和2.128月作为共同的波动周期分量，这意味着这些序列存在一定相关性。

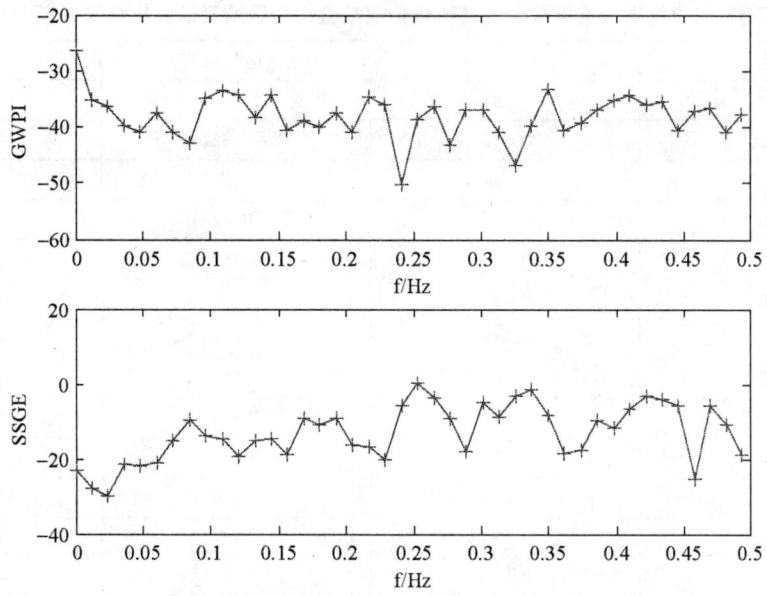

图2 GWPI 与 SSGE 序列波动的自功率谱曲线

五、SSGE 与 GWPI 波动的实证分析

下面采用互谱分析法来考察 SSGE 与 GWPI 波动的相关关系。对粮食批发价格指数和国有粮食企业粮食销售量进行互谱分析,得到的粮食批发价格指数和国有粮食企业粮食销售量波动的互谱曲线如图3所示。SSGE 与 GWPI 的相干系数以及 SSGE 和 GWPI 的相位差部分数据见表3。

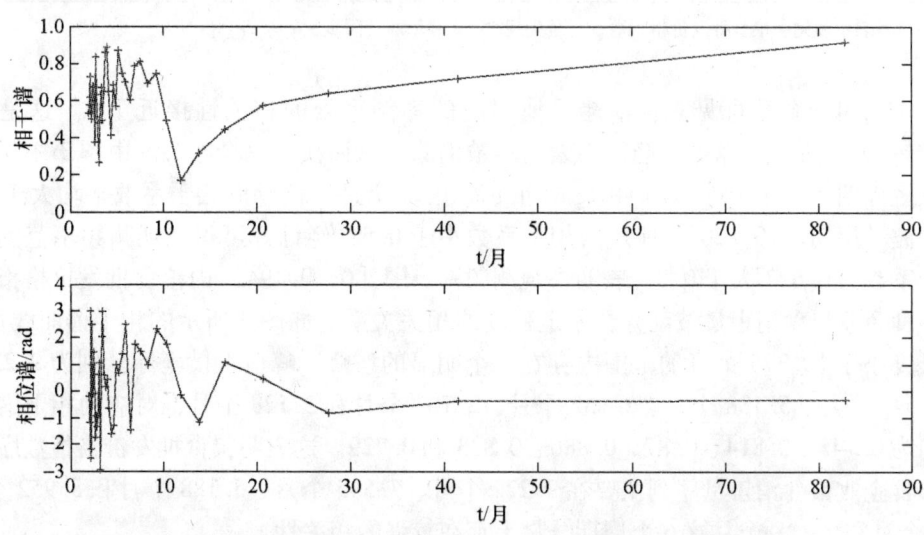

图3 粮食批发价格指数和国有粮食企业粮食销售量波动的互谱曲线

表3 粮食批发价格指数和国有粮食企业粮食销售量的互谱分析结果（部分）

周期长度（月）	相干谱	相位谱（弧度）	时差（月）
∞	0.984	0	0
83.000	0.915	-0.321	-4.244
41.500	0.721	-0.351	-2.320
27.667	0.638	-0.828	-3.647
20.750	0.572	0.457	1.509
16.600	0.445	1.077	2.846
13.833	0.316	-1.175	-2.588
10.375	0.494	1.753	2.895
9.222	0.745	2.328	3.417
8.300	0.693	1.005	1.327
7.545	0.814	1.476	1.772
6.917	0.784	1.777	1.956
6.385	0.603	-1.474	-1.497
5.929	0.699	2.497	2.356
5.188	0.870	0.699	0.577
4.611	0.684	-1.298	-0.953
4.150	0.647	-0.634	-0.419
3.952	0.886	0.439	0.276
3.320	0.669	2.043	1.079
2.964	0.518	-0.982	-0.463
2.677	0.380	-1.756	-0.748
2.128	0.729	-2.529	-0.857
2.024	0.531	-0.173	-0.056

注：负号表示领先于粮食批发价格指数，正号则反之，0表示两者同步。

从表3相干系数可见，长期趋势所对应的零频率处的相关性接近于1。这是由于SSGE与GWPI两个指标中的趋势因素已经被消除，从而接近完全相关。由图3中相干谱可见在短周期（小于10个月）和长周期（大于20个月）波动时相干系数平均大于0.5，仅在中波动周期（10~20个月）内相关系数小于0.5；经计算可得在观测频率范围内平均相干系数为0.623大于0.5，表明在观测频率范围[0，0.494]内粮食批发价格指数和国有粮食企业粮食销售量波动存在一定程度的相关关系。如图3所示的相干谱曲线可见，周期长度小于10.375个月的范围内存在6个明显的波峰，峰值点横坐标分别为9.222个月、7.545个月、5.188个月、3.952个月、2.767个月和2.128个月，对应的相干谱函数值分别为0.745、0.814、0.87、0.886、0.833和0.729。这表明粮食批发价格指数序列和国有粮食企业粮食销售量序列主要在9.222个月、7.545个月、5.188个月和3.952个月、2.767个月和2.128个月这6个周期分量上存在较强的相关性。

由图3还可见，在波动周期长度为2~10个月以内，粮食批发价格指数和国有粮食企业粮食销售量平均相关系数大于0.5；而在10.375~20.75个月以内，二者平均相关系数小于 0.5；在 27~83 个月以内二者相关系数呈增加趋势，平均大于 0.6。这表明在短周期和长周期上，粮食批发价格指数和国有粮食企业粮食销售量波动相关性最大。

从相位谱图形上看，在观测频率范围 [0, 0.494] 内相位差有正有负，即粮食批发价格指数和粮食企业粮食销售量波动相互影响、互为因果。进一步观察可发现，在波动周期为 2~3 个月的短波动周期内，大多数为粮食批发价格滞后于粮食企业粮食销售量，经计算 GWPI 和 SSGE 的平均相位差为 -0.184rad。这意味着短期波动时，粮食企业粮食销售量对价格的影响起主导作用，这说明国有粮食企业对稳定粮食价格有一定作用。此外，在波动周期为 4.15~4.61 个月范围时粮食批发价格指数也滞后于粮食企业粮食销售量波动。根据国务院和地方的相关规定，一般而言，中央粮库的轮空期不超过 4 个月，地方国有粮食企业轮空期不超过 3 个月，而粮食收购是由粮食生产的季节性决定的，在粮食收购高峰期到来之前的 3~4 个月内，国有粮食企业需轮换库存，腾出粮库，而轮空期不能超过 3~4 个月。这意味着国有粮食企业在粮食收购 3~4 个月后，必须要进行销售轮换。因此在短期内，粮食批发价格在很大程度上由国有粮企销售量决定。由此可见，短周期内（2~4 个月）粮食价格波动滞后于粮食企业粮食销售量波动，即粮食企业粮食销售量波动导致价格跟随波动占主导地位，国有粮食企业粮食销售量的变化对粮食批发价格的波动有一定影响，同时粮食批发价格又对后期国有粮企粮食销售量有影响作用，这说明国有粮食企业除了在发挥粮食价格宏观调控的作用外，同时也遵循市场经济规律。

从相位谱图形上看，在波动周期为 4~10 月内，粮食批发价格指数几乎均超前于粮食企业粮食销售，经计算 GWPI 和 SSGE 的平均相位差为 1.243rad，此时价格为销量的原因，这意味着在价格中周期波动时国有粮食企业倾向于根据价格来确定销售量，以在市场中实现利润最大化。

从相位谱图形上看，在波动周期为 10~83 个月以内，GWPI 和 SSGE 的平均相位差为 -0.185，即粮食企业粮食销售量序列波动领先于粮食批发价格指数序列占主导。结合前面相干系数图显示的短周期和长周期上二者波动相关性大的结果，可知短周期和长周期的粮食企业粮食销售量波动对粮食批发价格指数的影响最显著。由此可见，在中周期内，国有粮企的宏观调控作用不明显，市场经济规律起主导作用。

以上分析结果意味着，当粮食企业粮食销售量频繁波动时会引起粮食批发价格指数跟变化；当粮食企业粮食销售量缓慢波动时也会引起粮食批发价格指数跟随变化。其政策含义为，为稳定市场粮食价格，国有粮食企业在短期内宏观调控作用明显，政府可以通过调节粮食销售量，达到调整粮食市场价格、保障居民粮食购买力的粮食安全目标；从中长期来看，国有粮食企业的宏观调控作用不明显，政府应当积极发挥市场经济的作用，多渠道提高粮食供应能力，稳定粮食价格。

六、结论及政策含义

本文以 2005~2011 年的国有粮食企业销售量、粮食批发价格指数的月度时间序列数据为依据，利用谱分析法来研究国有粮食企业销售量和粮食批发价格指数波动的相关性。通过自谱分析和互谱分析得出如下结论：

（1）单变量功率谱分析表明，2005~2011 年国有粮食企业销售量、粮食批发价格指数序列存在显著的周期性波动现象,且主波动周期为2~6个月。

(2) 相干谱分析表明国有粮食企业销售量和粮食批发价格指数波动存在相关关系。

(3) 相干谱和相位谱分析表明,短周期(2~4个月)以及长周期(10~83个月)的粮食企业粮食销售量波动对粮食批发价格指数的影响显著,国有粮食企业的宏观调控作用明显,政府应当在短周期以及长周期内积极发挥国有粮企的作用,稳定粮食批发市场价格。中周期(4~10个月)的粮食企业粮食销售量波动对粮食批发价格指数的影响显著,国有粮食企业的宏观调控作用不明显,政府应当在中周期内积极发挥市场经济的作用,多渠道提高粮食的供给能力。

参考文献

[1] 马九杰,崔卫杰,朱信凯. 农业自然灾害风险对粮食综合生产能力的影响分析 [J]. 农业经济问题, 2005 (04): 14 - 18.

[2] 俞云,李芳. 基于面板数据的农业气象灾害对中国粮食产量的影响分析 [J]. 经济与管理, 2010 (11): 5 - 8.

[3] 龙方,杨重玉,彭澧丽. 自然灾害对中国粮食产量影响的实证分析——以稻谷为例 [J]. 中国农村经济, 2011 (5): 33 - 44.

[4] 尹世久,吴林海,张勇. 我国粮食产量波动影响因素的经验分析 [J]. 系统工程理论与实践, 2009 (10): 28 - 34.

[5] 谢永刚. 重大水旱灾害对粮食价格的影响研究 [J]. 吉林水利, 2003 (6): 6 - 10.

[6] 李军,李志芳,石涛. 自然灾害与区域粮食价格——以清代山西为例 [J]. 中国农村观察, 2008 (2): 40 - 53.

[7] 曹慧,秦富. 小麦价格波动的时间序列分析 [J]. 中国农业经济评论, 2006 (4): 414 - 424.

[8] 王川. 我国粮食期货市场与现货市场价格关系的研究 [D]. 中国农业科学院博士学位论文, 2009.

[9] 陈磊. 我国宏观经济指标周期波动相关性的互谱分析 [J]. 统计研究, 2001 (9): 38 - 41.

[10] 刘拓,齐琳,傅毓维. 我国科教投入对经济增长贡献率的互谱分析 [J]. 哈尔滨工程大学学报, 2009 (8): 958 - 961.

Analysis and Explanation of the Correlation between Sales of State – owned Grain Enterprises and Grain Price

ZHAO Xia

(*Center for Food Security and Strategic Studies, Institute of Food Economics, Nanjing University of Finance and Economics, Nanjing 210003, China*)

Abstract: Clarifying the correlation between Sales of State – owned Grain Enterprises (SSGE) and grain price plays an important role on stabilizing grain price and ensuring food safety. The correlation of SSGE and Grain Wholesale Price Index (GWPI) volatility is analyzed through cross – spectrum method based on the month data of China during 2005 – 2011 years. The results show that the correlation of SSGE and GWPI exists, and the SSGE and GWPI have close relationships during short – cycle volatility and long – cycle volatility; moreover SSGE has dominant effect on GWPI.

Key Words: grain; price; sale amount; cross – spectrum analysis

无公害农产品生产流通的博弈分析
——以无公害粮食为例

廖小静

(南京农业大学 经济管理学院,南京 210095)

摘　要　研究以博弈论为工具,以无公害粮食生产流通为例来分析当前市场上出现的部分无公害农产品抽检不合格以及"叫好不叫座"的现象。一是对农户采用不符合无公害粮食生产的产地环境和生产过程的行为进行分析;二是对厂商采用不符合无公害粮食标准的粮食来贴牌出售的行为进行分析;三是建立厂商与消费者的完全信息静态博弈模型,用代数方法得出厂商与消费者的混合策略组合,给出遏制厂商采用不符合无公害粮食标准的粮食贴牌出售的建议,强化消费者自觉维护自身权益的意识;四是建立政府监管部门与厂商的博弈模型,从中发现,更为严厉地惩罚问题厂商,只能使监管部门放松监管,要降低厂商采用不符合标准的无公害粮食的概率,必须加强监管部门的管理。

关键词　无公害农产品;博弈;粮食;完全信息静态博弈

一、引言

2002年4月,经国家认证认可监督管理委员会第7次主任办公会议审议通过的《无公害农产品管理办法》正式实施。管理办法中明确了无公害农产品的定义:"无公害农产品是指产地环境、生产过程、产品质量均符合国家相关标准和规范的要求,经认证合格获得认证证书并允许使用无公害产品标志的未经加工或者粗加工的食用农产品。"[1]无公害农产品的提出,对于我国农产品安全来说意义是十分重大的,彭志立、朱松涛[2]认为,"农产品无公害生产的提出与开展,标志着我国农业发展步入了新阶段,实现了从数量型向质量型、效益型发展的快车道"。无公害农产品、绿色农产品、有机农产品构成了我国安全农产品的金字塔。无公害产品是保证人们对食品质量安全最基本的需要,是最基本的市场准入条件,在生产过程中,国家允许限量、限品种、限时间地使用人工合成的安全的化学农药、兽药、肥料、饲料添加剂等。由于对土地、农化投入品的使用有所限制,无公害农产品生产成本较高,因此其价格也高出普通农产品很多。但是,近年来的质量检测过程中却频繁出现不少的无公害农产品抽检不合格的现象,而且在许多超市或者专卖店的专柜上销售的农产品都打着"无公害"的标志,但本地市场上的无公害农产品却仍是"叫好不叫座",反而是一些进口的农产品更受欢迎。尤其在粮食生产上,这样的现象更

收稿日期:2012-06-27

基金项目:江苏省教育厅高校哲学社会科学基金项目"粮食安全保障体系中农户储粮行为的实证研究"(项目编号:2012SJB790020)。

作者简介:廖小静(1981—),女,四川大竹人,管理学博士研究生,研究方向:农村发展。

明显。

作为人口大国,我国的粮食问题一直是学界普遍关心的问题,无论是用于主食还是用于深加工,市场对粮食的需求量一直在增加。随着人们生活水平的提高,对于粮食的质量问题也非常关注。绿色粮食和有机粮食因为成本较高,对于我国人多地少的现状来说,首先要解决粮食的"量"的问题,在解决粮食产量的问题的同时,还要保证粮食的质量以确保食品安全。而无公害粮食是破解粮食安全与食品安全矛盾的重要途径。但是,在当前的粮食市场上,还是会有不少厂商标注的"无公害"粮食在抽检时会不合格。这些无公害粮食在生产地往往销量较低。是什么原因使这些经过本地认证的无公害农产品反而在本地市场上"叫好不叫座"?在这个问题市场中,农户、厂商、消费者与政府监管部门之间是怎样一种博弈关系?他们各自的表现是怎样的?当抽检不合格后,这些行为主体应如何应对?因此,本文以无公害粮食为例,从四个方面对以上问题进行回答,一是农户生产行为分析,二是厂商行为分析,三是厂商与消费者之间的博弈,四是对政府监管部门与厂商进行博弈分析。

二、文献综述与理论基础

从现有文献来看,对无公害农产品的研究多集中在用制度经济学分析无公害农产品生产行为的研究上,如李勇等[3]认为无公害农产品的交易特性有别于常规农产品,他们通过案例分析表明,一体化和双方规制结构比较适合目前无公害农产品的交易特性。徐翔、周峰[4]利用了委托—代理理论来分析农户无公害农产品生产中道德风险程度的影响因素。唐学玉、李世平[5]对韭菜种植户进行问卷调查,进而分析了江苏省安全农产品的生产环境意识。他们发现,江苏省安全农产品生产户对农业生态环境问题的认知能力不足,只具有浅层的生态环境意识,经济欠发达地区的农产品生产者的生态环境意识水平比发达地区的生产者更低。如倪学志[6]认为生产商为了获得更多的溢价效应和品牌效应,更热衷于开发有机食品,而处于绿色农产品金字塔塔基的无公害农产品开发的积极性并不高。由于无公害农产品起着保证居民基本食品安全与营养健康的作用,应采取政府主导的方式来发展。吴愉萍等[7]讨论了宁波市无公害农产品生产主体的现状,结果表明,宁波市无公害农产品生产主体受教育程度不高,农民专业合作社、农场和公司等不同主体发展不均衡也是阻碍无公害农产品生产的重要因素。此外,也有学者对消费者的无公害农产品购买意愿进行分析。如陈志颖[8]运用二元 Logit 选择模型就消费者购买无公害农产品意愿和行为进行了影响因素分析,并且对购买意愿和实际购买经历的差异进行了分析,结果发现对消费者购买无公害农产品意愿有影响的因素并不一定对购买行为有显著的影响,这是因为各种现实条件的约束而无法实现意愿和行为的一致。

目前运用博弈论工具对农产品生产流通的研究主要集中在农产品交易方面。夏茂森等[9]运用演化博弈理论,建立了引入博弈参与人学习调整的农产品买卖交易模型,研究结论是博弈参与人可以通过不断的学习调整,形成稳定的均衡结果。靳文学、邢娇阳[10]运用完全信息静态博弈模型,对农产品质检中心与农产品生产者的博弈进行了分析,研究表明,适当提高对生产者的罚款,降低产品检测成本,是政策制定和制度创新的方向。钟真、谭玥琳[11]运用完全信息静态博弈模型研究了农产品供应链的博弈问题,结果表明,一次性市场交易的博弈结果为上下游企业必然选择"劣质、低价",而"优质、优价"的安全供给要以无限次的博弈为前提，由于信息不对称的存在，消费者在交易和博弈中处于弱势地位，进而加重了农产品生产者的掺假行为。

综上所述，从目前的研究来看，对无公害农产品的研究主要集中在制度经济学分析生产行为上，而采用博弈论工具分析农产品问题则主要集中在农产交易行为上。采用博弈论工具全面分析无公害农产品的生产者、销售商、消费者以及政府之间的关系和行为的文献很少，而针对无公害粮食的生产、流通、消费、监管全面进行博弈论的分析更为缺乏。但是，无公害农产品生产流通的每一个环节都会对无公害农产品的生产和消费产生重大影响，因此对每个环节的主体之间的博弈行为进行研究有助于厘清各方关系，从而破解目前无公害农产品生产中存在的矛盾和问题，为我国无公害农产品生产的良性发展提供政策依据。

完全信息静态博弈模型是非常经典的博弈理论，属于非合作博弈中最基本的类型，在该博弈模型中，各博弈方同时决策，且所有博弈方对各方得益都了解，是研究多人决策的重要理论。尽管现实生活中的信息是非完全的和不对称的，但陈学彬[12]认为，完全信息博弈是分析非完全和不对称信息博弈的基点，采用完全信息博弈的方法分析问题，也是为了给更接近现实从而更加复杂的不对称信息的宏观问题博弈分析奠定基础。因此，采用完全信息静态博弈模型分析无公害农产品生产流通问题是符合现实需要的。

三、粮农生产行为分析

我们先用完全信息静态博弈模型分析粮农生产行为。我们可以假设无公害粮食的生产基地上只有两个农户 A 与 B（均为经济理性人，追求利润最大化），他们生产同样多的无公害粮食，成本均为 C，收益为 R，则纯收益为 R－C，如果农户没有严格按照无公害农产品的生产程序进行生产，则成本为 C－K（K>0），收益为 R，则纯收益为 R－C+K，显然 R－C+K>R－C，否则农户都会严格按照无公害农产品的生产程序进行生产，这样也就不会存在抽检不合格的无公害粮食了，我们可以列出收益矩阵。显然，当农户 A 采取"按生产程序"生产的策略时，农户 B 的策略是"不按生产程序"生产，农户 B 的收益（R－C+K）大于农户 A 的收益（R－C）。当农户 A 采取"不按生产程序"策略时，农户 B 的策略是"不按生产程序"生产，因为农户 B 不按生产程序生产的收益（R－C+K）大于按生产程序生产的收益（R－C）。即无论农户 A 采取何策略，农户 B 的占优策略均为"不按生产程序"。再分析农户 A，当农户 B 采取"按生产程序"生产的策略时，农户 A 的策略是"不按生产程序"生产，因为不按生产程序生产的收益（R－C+K）大于按生产程序生产的收益（R－C）。当农户 B 采取"不按生产程序"策略时，农户 A 的策略是"不按生产程序"生产，其收益 R－C+K>R－C。即无论农户 B 采取何策略，农户 A 的占优策略均为"不按生产程序"生产。因此，农户 A 和农户 B 分别采取策略"不按生产程序"生产时，即二者均没有动力去将考虑安全因素的策略构成一个纳什均衡。我们推而广之，中国有千千万万的种植无公害粮食的粮农，粮农出于自己的利益，在种植无公害粮食时很难会考虑按严格的生产程序进行种植。

当前小农种植粮食是我国种植业的主要模式，小农种植是我国延续了几千年的传统种植方式，种植无公害粮食的农户本身很少意识到不按严格生产程序种植的负面作用，因此在选择是否严格按照无公害粮食的种植程序进行种植时具有很大的盲目性。换句话说，农户的种粮行为很容易受到无公害粮食收购商和销售商的影响,即农户的行为取决于其厂商及其产品需求者,只要当地厂商愿意收购不合格的无公害粮食,农户便乐意生产(见图1)。

		粮农B	
		按生产程序	不按生产程序
粮农A	按生产程序	(R−C, R−C)	(R−C, R−C+K)
	不按生产程序	(R−C+K, R−C)	(R−C+K, R−C+K)

图1　粮农A与B的选择

四、厂商行为分析

我们假设政府的监管力度为0,因为虽然很多地区都有对农产品安全进行监管,但监督力度并不强,而且没有有力的惩罚措施。假设有两个厂商A与B均销售等量的无公害粮食,且该两个厂商均为经济理性人,追求利润最大化。当销售合格的无公害粮食时,成本均为C,收益为R,纯收益为R−C。如果销售不合格的无公害粮食则成本为C−D(D>0),收益仍为R,则纯收益为R−C+D。显然R−C+D>R−C,否则厂商不会想销售不合格的无公害粮食,也就不会有问题的产生。据此建立完全信息静态博弈模型,列出收益矩阵。当厂商A采取销售"合格的无公害粮食"时,厂商B的最优策略是销售"不合格的无公害粮食";而当厂商A采取销售"不合格的无公害粮食"时,厂商B的最优策略也是销售"不合格的无公害粮食"。对厂商A来说,当厂商B销售"合格的无公害粮食"时,厂商A的最优策略是销售"不合格的无公害粮食";而当厂商B销售"不合格的无公害粮食"时,厂商A的最优策略仍是销售"不合格的无公害粮食"。也就是说,在政府监管力度为0时,厂商A与厂商B均会选择销售"不合格的无公害粮食",以获得收益R−C+D(见图2)。

		厂商B	
		合格的无公害粮食	不合格的无公害粮食
厂商A	合格的无公害粮食	(R−C, R−C)	(R−C, R−C+D)
	不合格的无公害粮食	(R−C+D, R−C)	(R−C+D, R−C+D)

图2　厂商A与B的选择(假设政府监管力度为0时)

推广一下,在政府监管力度为0时,中国有很多销售无公害粮食的厂商,他们由于出于自己的利益考虑可能都会选择销售不合格的无公害粮食。虽然实际现实生活中,政府监管力度并不是等于0,也就是说厂商选择销售不合格的无公害粮食存在一定的风险,因此厂商选择具体销售什么类型的产品时就会充分考虑风险的因素(即政府监管力度的高低)。而我国的农产品市场目前的监督力度并不高,有些农产品市场甚至还没有统一的准入标准,因此很多厂商甘冒风险销售不合格的无公害粮食以获取高额的利润,这也就是为什么在对无公害农产品进行抽检时总会查出不少不合格品的原因。

五、厂商与消费者的完全信息静态博弈分析

我们先建立简单的单个厂商与单个消费者的完全信息静态博弈模型，然后再根据现实与模型的差距来放松假设。同时我们假设厂商与消费者均是个体理性的，以追求自身利益最大化为目标。

在这个博弈模型中，博弈方是一个消费者（以效用最大化为目标）和一个厂商（以利润最大化为目标）。各个博弈方的策略空间：厂商的策略空间为"合格的无公害粮食，不合格的无公害粮食"，消费者的策略空间为"购买，不购买"。进行博弈的次序是同时的，即可以将博弈过程看作同时进行的。博弈方的得益：厂商销售合格的无公害粮食时获得的利润为 R_1，销售不合格的无公害粮食时获得的利润为 R_2（$R_2 > R_1$）。假设厂商销售不合格的无公害粮食时被发现时的处罚为 H。假设消费者的效用函数 U 是所购买产品 X 的函数，即 $U = U(X)$，且 $U(X)$ 的一阶导数大于 0，即每单位产品给消费者带来正的效用。当 $U > 0$ 时，消费者选择购买；当消费者买到不合格的无公害粮食时效用为负，可以理解为由于食用不合格的产品而付出的成本。

这样厂商与消费者的策略组合构成了得益矩阵（见图3）：

		厂商	
		合格的无公害粮食	不合格的无公害粮食
消费者	购买	(U, R_1)	$(-U, R_2-H)$
	不购买	$(0, 0)$	$(0, -H)$

图3　消费者与厂商的博弈

当 $R_1 > R_2 - H$ 时，用画线法可以求得博弈的唯一的纳什均衡（购买，合格的无公害粮食）。这个结果说明，由于政府的处罚力度 H 较大，无论消费者买还是不买，厂商根据其利润最大化都会销售合格的无公害粮食。而当给定厂商的策略为销售合格的无公害粮食时，消费者的最佳反应是购买，这样可以获得效用 U。

当 $R_2 - H > R_1$ 时，该博弈不存在纯策略纳什均衡。由于政府的打击力度不够，厂商销售不合格无公害粮食有利可图，因此存在不少厂商销售不合格产品。如果厂商销售合格的无公害粮食时，则购买是消费者的最佳反应。但是给定消费者购买，厂商的最佳反应则是销售不合格的无公害粮食。如果厂商销售不合格的无公害粮食，则消费者不会购买。给定消费者不购买，厂商就不会销售不合格的无公害粮食，以免受到政府的处罚。这样，各个博弈方总可以单独偏离来提高自己的利益。所以不存在稳定的纯策略纳什均衡。

由于纳什定理，任何有限博弈（后推广至无限博弈）都至少有一个纳什均衡（包括混合策略纳什均衡），所以我们肯定该博弈存在一个混合策略纳什均衡。现实中，只有厂商和消费者不让对方知道自己的策略选择，而且不让自己在多次重复博弈中的选择带有规律性，才是自己最佳的选择。因此，我们假设消费者购买的概率为 P，则不购买的概率为 $1-P$；厂商选择销售合格的无公害粮食的概率为 Q，则销售不合格的无公害粮食的概率为 $1-Q$。

根据决策原则，消费要使厂商选择任意策略的期望得益相等，则：

$$PR_1 = P(R_2 - H) + (1 - P)(-H) \quad (1)$$

由此可得消费者购买的概率为：

$$P = H/(R_2 - R_1) \quad (2)$$

厂商要使消费者无论买还是不买的期望得益相等，则：

$$(1 - Q)(-U) = Q(-U) \quad (3)$$

由此可得厂商选择销售合格的无公害粮食的概率为：$Q = 1/2$。

所以，博弈的混合策略纳什均衡为消费者以 $H/(R_2 - R_1)$ 的概率选择购买，$1 - H/(R_2 - R_1)$ 的概率选择不买；厂商以 $(1/2, 1/2)$ 的概率选择销售不合格的无公害粮食和合格的无公害粮食。现实中，如果消费者以小于 $H/(R_2 - R_1)$ 的概率选择购买，厂商就因策略性的选择销售合格的无公害粮食来提高自己的得益；如果消费者以大于 $H/(R_2 - R_1)$ 的概率选择购买，则厂商就选择全部销售不合格的无公害粮食。

粮食是缺乏价格弹性的，因此人们大多会以较高概率消费，所以厂商就会很大程度地选择销售不合格的无公害粮食。显然，这样的博弈结果告诉我们，政府的监督打击力度是遏制劣质产品的有效武器。另外，由于管理难度较大，所以政府部门的疏于管理也是重要的原因。

六、政府与厂商的完全信息静态博弈分析

建立一个行政部门与销售不合格无公害粮食的厂商的完全信息静态博弈模型。其中，博弈方是一个销售不合格无公害粮食的厂商和一个相关政府监管部门（以下简称监管部门）。该厂商的策略空间为：（合格的无公害粮食，不合格的无公害粮食），监管部门的策略空间为：（高监管力度，低监管力度），其中低监管包括不监管。对于厂商来说，如果销售不合格的无公害粮食而没有被查处则获得收益为 R；但不合格的无公害粮食如果被查处（如没收、罚款、勒令停业整顿等）则损失为 L；停止销售不合格的无公害粮食时则既没有收益也没有损失，得益为 0。对于监管部门来说，如果厂商销售不合格的无公害粮食而没有查处则受到上级的处罚为 P，假设监督机制是完全可监督的；如果厂商未销售不合格的无公害粮食，则监管部门节约了监管成本而获得收益为 C（人力、物力等）；监管部门是尽本职工作，得益为 0。这样可以得到得益矩阵（见图4）：

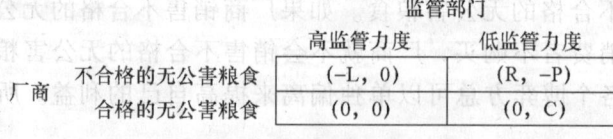

图4 政府监管部门与厂商的博弈

该博弈不存在纯策略纳什均衡，但根据纳什定理可知其存在一个混合策略纳什均衡，即厂商与监管部门各以一定概率选择自己的策略。假设厂商以 p 的概率选择销售不合格的无公害粮食，则其销售合格的无公害粮食的概率为 1 - p；监管部门高监管度的概率为 q，则低监管度的概率为 1 - q。根据决策原则，厂商要使监管部门选择任意策略得益相等，

则：$p = C/(C+P)$。监管部门要使厂商选择任意策略得益相等，则：$q = R/(L+R)$。所以，此博弈的混合策略纳什均衡为厂商以 $p = C/(C+P)$ 的概率选择销售不合格的无公害粮食，而监管部门以 $q = R/(L+R)$ 的概率进行高力度的监管。

由以上分析可知，混合策略纳什均衡所展示的结果是厂商销售不合格无公害粮食的概率与监管部门节约的监管成本 C 正相关，与监管部门获得的上级处罚 P 负相关。这就是说，如果我们提高上级处罚力度 P，这样监管部门将加强监督力度，则厂商将会以更低概率销售不合格的无公害粮食。另外，如果我们降低 C，即降低监管部门监管的成本（人力、物力），同样可以使厂商以更低概率销售不合格的无公害粮食。也就是说，在更高的政府监管力度的打击下，厂商销售不合格产品的期望收益降低，从而减少了销售不合格产品的概率。

由以上分析我们同样知道监管部门的监管程度与 R 正相关，而与 L 负相关。因此，如果加大惩罚力度（在惩罚销售不合格的无公害粮食的厂商上更加严厉），即增加 L，反而使监管部门玩忽职守，不能取得理想的政策效果（即 q 下降，监管程度降低）。这种政策目标与政策结果之所以出现这种关系，可能是因为短期内由于加大了对厂商的监管而使销售不合格无公害粮食的厂商有所减少，当政府发现销售不合格无公害粮食的厂商减少时就会恢复到原来的监管程度。

但在现实生活中，由于不完全信息的存在，政府并不能对厂商的生产情况了如指掌。再加上这些厂商大多是地方上的"纳税大户"，地方政府为了地方上的利益很可能采取保护措施。在这样的前提下，监管部门与厂商便可能联合起来。监管部门在监管程度低的情况下，节约了监管成本 C，同时加上企业税收和企业"寻租"的费用（贿赂）等使厂商销售不合格的无公害粮食的概率大大提高，甚至有可能会提高到1。即便问题泛滥成灾，监管部门都有可能不管。

七、结论

在本文中我们从博弈的角度分析了粮农、厂商、消费者和政府在无公害粮食市场中各自的角色问题。

首先，中国有千千万万的粮农，农户出于自己的利益，在种植无公害粮食时很难考虑完全按照其种植程序来进行种植。同时，农户本身很少意识到不按正确的种植程序种植无公害粮食导致的负面影响，因此在选择是否按照正常程序进行种植无公害粮食时具有很大的盲目性。换句话说，农户是否按照正常程序种植无公害粮食的行为很容易受到无公害粮食销售厂商的影响。

其次，在政府监管力度为0时，中国有很多销售不合格无公害粮食的厂商，他们出于自己的利益考虑都会销售不合格的无公害粮食。在实际生活中，我国农产品市场的监管力度不高，因此很多厂商甘冒风险销售不合格的农产品以获取高额的利润，这也就是在农产品质量检测时存在不少不合格产品的原因。

再次，关于厂商与消费者之间的博弈，我们用代数方法得出混合策略纳什均衡，粮食是缺乏价格弹性的，因此人们大多会以较高概率消费，但信息不对称等原因会使消费者处于弱势一方，在政府缺乏有效监管的前提下，厂商更多地会选择销售不合格的无公害粮食。这样的博弈结果告诉我们，在消费者获得信息不完全的情况下，政府的监督是遏制劣质无公害农产品的有效武器。但由于农产品安全管理难度较大,如果政府部门的管理力度不够或者疏于管理反而会加剧厂商销售不合格无公害粮食的现象。

最后,关于政府监管部门与厂商的博弈模型。得出在更高的政府监管打击下,厂商销售不合格无公害粮食的期望收益降低,从而减少了销售不合格无公害粮食的概率。尽管降低厂商销售不合格无公害粮食的概率只能在监管部门下功夫,但更为严厉的惩罚问题厂商只能使监管部门放松监管。政策目标与政策结果之所以出现这种关系,可能是因为短期内由于加大了对厂商的监管而使销售不合格粮食的厂商有所减少,当政府发现不合格粮食减少时就会恢复到原来的监管程度。

参考文献

[1] 樊红平,温少辉,龚亚平. 浅谈我国无公害农产品发展现状及对策 [J]. 中国食物与营养, 2005 (11): 60 - 62.

[2] 彭志立,朱松涛. 浅析农产品无公害生产与农药的安全使用 [J]. 安徽农学通报, 2005 (11): 92 - 93.

[3] 李勇,任国元,杨万江. 无公害农产品交易特性及其规制 [J]. 中国农村经济, 2005 (2): 27 - 32.

[4] 徐翔,周峰. 农户无公害农产品生产中道德风险程度的影响因素分析 [J]. 现代经济探讨, 2007 (7): 65 - 82.

[5] 唐学玉,李世平. 安全农产品生产生态环境意识研究 [J]. 生态经济, 2012 (4): 104 - 117.

[6] 倪学志. 我国绿色农产品有效供给研究 [J]. 农业经济问题, 2012 (4): 18 - 21.

[7] 吴愉萍,李永华,连瑛,马永军,钱天寿,毛杭军,吴降星. 宁波市种植业无公害农产品生产主体现状的调查研究 [J]. 浙江农业科学, 2011 (5): 983 - 987.

[8] 陈志颖. 无公害农产品购买意愿及购买行为的影响因素分析——以北京地区为例 [J]. 农业技术经济, 2006 (1): 68 - 75.

[9] 夏茂森,朱宪辰,江波,蒋晓华. 农产品交易行为的动态演化博弈分析 [J]. 技术经济, 2009 (9): 123 - 127.

[10] 靳文学,邢娇阳. 农产品质量安全检测中的博弈分析 [J]. 经济研究导刊, 2010 (5): 246 - 248.

[11] 钟真,谭玥琳. 农产品质量安全问题的博弈分析 [J]. 农产品质量与安全, 2012 (1): 53 - 57.

[12] 陈学彬. 我国货币政策效应的完全信息博弈分析 [J]. 经济研究, 1996 (7): 3 - 10.

A Game Analysis for Producing and Selling of the Pollution - free Agricultural Products: Taking the Pollution - free Grains for Example

LIAO Xiao - jing

(College of Economics and Management, Nanjing Agricultural University, Nanjing 210095, China)

Abstract: The article use game theory and take the pollution - free grains for example to analyze the problem on the part of unqualified pollution - free agricultural products and "applaud not draw a large audience" phenomenon. At First, I analysis the behavior of famers who do not meet the pollution - free food production environment and production processes. Secondly, I analysis the behaviorof many manufactures, because these manufactures do not meet the pollution – free food standard. Followed, I establish a static game model with complete information for manufacturers and consumer, use algebraic method to get the mixed strategy combination between manufacturers and consumers. As a result, I give a recommendation to prevent manufacturers adopting the grains that do not meet the pollution – free food standards and strengthen consumer awareness of safeguarding their own rights and interests consciousness. At last, I establish the game model between government and manufactures. More severe punishment on manufacturer can make problems worse, so we must control the behavior of the relax regulation in government.

Key Words: the pollution – free agricultural products; game; grain; static game model with complete information

我国粮食走廊研究

徐建玲[1,2]

(1. 南京财经大学 粮食安全与战略研究中心,南京 210003;
2. 南京财经大学 粮食经济研究院,南京 210003)

摘 要 研究通过对粮食走廊的定义和特点的诠释,分析了建立粮食走廊的原则和可行性。利用空间均衡模型对我国粮食流向和流量估计,并根据结果提出构建海外进口据点型、特大城市群供给型、沿海地区国内调运型和边疆地区调运型四种类型的粮食走廊。最后以沿海地区国内调运型粮食走廊为例,探讨了粮食走廊的特点、目标、需要解决的问题和具体实现方式。

关键词 粮食走廊;空间均衡模型;粮食流通

一、引 言

我国粮食生产与消费呈现不平衡格局,"北粮南运"已成为我国粮食流通的重要特征。粮食流通连接着生产和消费、产区和消费的各方面利益,是实现我国粮食安全战略的重要方面。对于粮食走廊的提法,散见于粮食行政部门针对地方粮食流通发展所提出的方略,学界对粮食走廊缺乏较为系统的研究。针对我国粮食生产和消费不平衡的状况,学者们针对粮食物流进行了深入研究。学者们等对粮食物流进行了定义,认为粮食物流一般包括粮食收购、运输、储存、流通加工、包装、信息处理等活动[1-3]。高源[4]认为东北经济区作为我国重要的商品粮基地,粮食物流系统的建立对于东北经济区乃至全国的粮食生产与粮食市场的发展都有重要意义。李义伦[5]以珠江三角洲为例,提出了构建该区域粮食物流体系的政策措施。

空间均衡模型(Spatial Equilibrium Model,SEM)是一般均衡模型在一定贸易空间内的表现形式。运用 SEM 研究中国农产品市场的国外文献主要有 Halbrendt 等[6]、Hearn 等[7]、Webb 等[8]对粮食市场空间均衡的研究。国内农产品空间均衡模型研究主要有辛贤等[9]利用 GAMS 软件和铁路网络运费对全国省际饲料流通和价格的研究。陈永福[10]对中国大米、小麦、精饲料、大豆、主要畜产品和水产品的空间均衡进行了模拟与预测;张玉

收稿日期:2012-07-27

基金项目:本文是江苏省教育厅高校哲学社会科学基金项目(2010SJB790017)、南京财经大学粮食安全与战略研究中心招标课题(CFSSS2011-08)、南京财经大学科研基金项目(IFE-2009 T 03)的研究成果,江苏高校优势学科建设工程资助项目,获江苏省高校哲社重点研究基地重大项目资金资助。

作者简介:徐建玲(1975—),女,新疆乌鲁木齐人,经济学博士,副教授,研究方向:粮食经济理论与政策、人口流动与经济发展等。

梅[11]利用空间均衡模型研究了世界天然橡胶市场的变化。关于粮食物流最优路径问题的研究：梁书民等[12]利用GIS的网络分析研究了中国粮食综合运输费用与最优物流路径问题；张强和熊盛武[13]提出混合蚁群算法来求解多配送中心车辆调度问题；梁书民[14]利用SEM和GIS方法对精饲料流通最优化进行了研究；张海洲等[15]以一个现代粮食物流企业为对象，在ExtendSim仿真平台上建立包括运输模型和库存模型的粮食物流仿真模型，对车队、库容、订单、服务等方面进行仿真分析和优化。

学者们对粮食物流进行了有益的探索和研究，但缺乏以粮食走廊为对象的系统研究。尽管有基于空间均衡模型的粮食流通研究，但由于我国地域广阔，不同区域的粮食走廊具有不同特点。因此，有必要在全国范围内划分不同类型的粮食走廊，并针对每种粮食走廊模式进行研究。本文从粮食走廊的内涵和特点出发，利用空间均衡模型对粮食走廊进行模拟分析，并具体阐述粮食走廊的实现方式。

接下来的文章结构安排如下：第二部分是对粮食走廊定义、特点的阐述；第三部分是利用空间均衡模型对我国粮食走廊的模拟；第四部分是以沿海地区国内调运型粮食走廊为例，探讨粮食走廊具体实现方式；第五部分是全文的结论。

二、粮食走廊的定义和特点

（一）粮食走廊的概念界定与内涵

"走廊"在《辞海》中原意是指有顶的过道，也比喻连接两个较大地区的狭长地带。粮食走廊，顾名思义，则是指连接不同地区以实现粮食产品顺畅流通的狭长地带。它是实现粮食生产到储存、储存到加工、加工到消费的重要通道。

粮食走廊与粮食物流的狭义含义较为接近，即根据不同需求，选择最佳运输路线、最廉价运输工具而进行的粮食实物移动的活动，以达到最佳经济和社会效益。粮食物流在区域范围上既包括区域内部和不同区域之间，也包括国际与国内间的粮食物流全过程。而粮食走廊则是为了实现粮食安全保障的目标，更强调不同地区之间的粮食流通，也包括部分国内外粮食进出口渠道。因此，粮食走廊概念小于粮食物流概念。

由于粮食生产不同于工业及服务业，其在生产过程中对自然力、自然地理条件的依赖性比较明显，如粮食生产的区域性、季节性特点突出，粮食作为农产品本身保质期有限；同时，粮食作为生活必需品，消费弹性小，具有消费普遍性和分散性的特点。随着我国经济快速发展，粮食生产和消费格局发生了很大变化，粮食产区和销区相分离格局越发明显，粮食区域间流动日益频繁。本文对粮食走廊的研究则偏重于粮食在空间和时间的转移，即从空间上讲，通过最优路径的选择，实现粮食在不同区域范围的顺畅流通；从时间上来说，则是力求粮食在不同区域间流通的时间最短；从经济上来看，是力求达到粮食流通社会总费用的最小。

从理论上说，最优的粮食走廊应该是在空间、时间和经济费用三个维度上同时实现最优化。但在现实中，由于客观条件的限制，三者难以同时实现。最快捷运输路径很可能是费用较高，而选择费用最小的路径可能因时间较长而路径较长。因此，在现实中则需要根据客观情况制订不同的方案以实现保障粮食安全的目标。

（二）粮食走廊的特点

1. 呈现时效性特征

粮食生产是生物的再生产，由此决定了不论是原粮，还是成品粮，都有一定的保质期和保管条件限制，这就要求粮食商品产出以后，必须在保质期内及时流通出去，并实现消费，这样才能确保粮食产品社会价值和经济价值的实现。

2. 呈现区域性特征

我国地大物博，气候条件和地理差异较大，不同区域农作物种类具有较大的差别，如黄河一带多为小麦的种植区，而长江流域则多生产稻谷。各地人们在长期社会经济发展中形成各自区域特点的饮食习惯，气候和自然条件较为接近的区域会形成相似的粮食生产、粮食加工和消费体系。因此，粮食走廊也会随着自然地理位置差异而呈现出区域性的特点。

3. 受到运输条件的制约较大

粮食生产和消费具有广泛性，其产品数量大。目前，粮食大规模跨区域流动已成为不争的事实。但粮食顺利运输与流动受到外部条件的严重制约，尤其是运输渠道、运输方式以及不同运输方式对接现状等都会影响粮食走廊的实现和效率。如果粮食主产区的向外运输渠道不通畅，运力远不能满足主销区的需求，将大大影响粮食主产区未来的粮食生产和粮食主销区的粮食安全。

（三）粮食走廊的划分原则

1. 便捷性原则

由于粮食商品的时效性特征，导致粮食走廊必须满足在一定条件下，粮食主产区的粮食商品能以最便捷的方式运输到粮食需求地区，从而保证在粮食保质期内满足人们的需求。

2. 合理性原则

粮食生产呈现季节性特征，但粮食消费却呈现持续平稳性的特点，这就决定了粮食走廊必须与粮食生产和粮食消费的不同特征相适应，实现粮食产销、供求在时间和空间等方面的合理配置。要使得粮食主销区和粮食主产区之间不仅在粮食品种和粮食供需产量方面相互协调，而且在粮食运输的路径上实现最优，不存在粮食回流和交叉流动的不合理流动等。

3. 因地制宜的原则

尽管在理论上讲，应力求实现最优化的粮食走廊方案，实现在全国范围内的路径最优，并使其在全社会范围内达到社会成本最小化。但在现实中，由于客观因素的种种限制，如配套的基础设施尚未完善，且短时期内无法很快建成，因此在设计方案的时候，则根据短期、中期和长期不同情况进行分析，设计出具有较强针对性的方案。也可能存在文化习俗方面的影响，长期以来，某个地区已经形成对某个地区粮食品种的偏好，而最优路径所形成的粮食通道很可能不是当地人民所能接受的。因此，在设计粮食走廊时，要遵循因地制宜的原则，紧密结合各个地区粮食生产、加工和消费的不同情况和特点。

4. 以问题为导向的原则

粮食走廊的形成还受到外部市场条件的影响。我国粮食流通领域市场化程度不断提高，但我国区域经济发展不平衡，经济发达的沿海省份市场化程度较高，其面临的问题与内地不同；经济欠发达的边疆及中西部地区由于受到经济发展状况、自然环境以及运输方式和运输渠道的限制，其粮食走廊具有一定的特殊性。随着我国加入世界贸易组织，粮食进出口贸易也成为影响我国粮食安全的重要因素，我国港口城市在粮食生产、消费和加工方面与内陆地区存在着明显差别。同时，随着我国城市化进程的不断加速，大城市及特大城市的人口集聚不断增强，全球恶劣气候不断增多，这对特大城市的粮食安全保供提出了新的要求。未来，随着经济社会和自然条件的不断变化，也将不断出现新的问题，因此在粮食走廊的区分和研究中应采用以问题为导向的原则，以增强粮食走廊研究的针对性。

（四）我国粮食走廊可行性分析

1. 技术可行性分析

我国粮食走廊预案研究是基于对我国粮食生产、粮食储备、粮食贸易、粮食需求等多角度的全面分析和研究，提出我国典型的粮食走廊模式，并选定一种模式进行重点应用研究。它是从社会成本最优角度进行的研究，是在已有铁路、交通、公路、港口、内河等设施水平上进行的系统研究。通过对粮食来源的途径、粮食可能供应量、可能的运输方式、运输成本、粮食库存点的数据采集，形成基础数据库，在社会收入最大化和安全成本最少化的原则下，运用空间均衡模型形成方案，并利用计算机进行模拟不同应急事件的可能方案，并在专家调查法的基础上形成粮食走廊预案，这些所利用的方法和工具合理且现实可行。

2. 经济可行性分析

我国现有商品粮1500亿公斤至2000亿公斤，商品粮的运输占全国运输量的6%。而由于粮食设施配套尚待提高，粮食"四散化"率不足，粮食运输网络和路径还需进一步完善。粮食在产后流通中损失较大，据有关方面的估计，其损失约为18%。如果能加强管理，按照合理的粮食走廊方案，其巨大的经济效益是不言而喻的。由此可见，采用科学方法对我国粮食流通进行分析研究，提出粮食走廊不同模式，不仅是可行的，而且有着重要的经济价值。

3. 与国家发展战略相符

项目符合国家扶植农业发展的政策要求和国家农业产业化发展的方向。近年来，国家加大了对粮食产业的关注和扶植，各种惠农政策相继出台。重点支持粮食主产区发展农产品加工业，大力扶持食品加工业特别是粮食主产区以粮食为主要原料的加工业。鼓励粮食主产区和主销区相互协作，以达到粮食产区和销区的共赢。粮食走廊的预案将会在很大程度上避免粮食流通过程的浪费，提高粮食流通效率，这对促进粮食主产区促进农业增效、农民增收和地区经济发展，保障销区粮食安全与稳定起到重要作用。

三、空间均衡模型对我国粮食走廊的模拟

（一）我国各省份粮食盈余情况

1. 粮食盈余估算方法

尽管对区域粮食盈亏状况有多种估计方法，但本文认为粮食的生产和人口是影响区域粮食盈亏的重要因素。通过计算粮食总供给量在全国范围内的分配即可估算出各地区的粮食盈亏状况。具体方法如下：

(1) 粮食完全供给情况。

假定一国粮食完全自给自足，则当年的总供给量（SS）就是当年的生产量（PDQ）。当年的需求总量（DD）就等于国内总消费量（TCQ），即当年的总人口（POP）乘以当年的人均消费量（PCC）。如果写成公式，则有：

$$SS = PDQ \tag{1}$$

$$DD = TCQ = POP \times PCC \tag{2}$$

(2) 粮食不完全供给情况。

如果一国粮食不完全自给自足并存在粮食储备的变化，则总供给量就等于生产量（PDQ）加进口量（TMQ）再加上前期库存量（$SK(-1)$），总需求量就等于总消费量（TCQ）加上出口量（TXQ）再加上同期库存量（SK）。则有：

$$SS = PDQ + TMQ + SK(-1) \tag{3}$$

$$DD = TCQ + TXQ + SK = POP \times PCC + TXQ + SK \tag{4}$$

由于我国粮食库存属于高度机密，无法获取准确的库存数据，因而本研究采用近5年的粮食生产和进出口平均数据，最大限度平滑库存数据。则有：

$$ADQ = (\overline{TPQ} - \overline{TXQ} + \overline{TMQ})/\overline{POP} \tag{5}$$

其中，ADQ为全国人均粮食需求量；$\overline{TPQ}$为1991~1995年和2006~2010年全国粮食总产量平均值；$\overline{TXQ}$为1991~1995年和2006~2010年全国粮食出口量平均值；$\overline{TMQ}$为1991~1995年和2006~2010年全国粮食进口量平均值；$\overline{POP}$为1991~1995年和2006~2010年全国总人口平均值。

各省、自治区、直辖市粮食余缺量：

$$MIQ（或MOQ）= \overline{MPQ} - \overline{MOP} \times ADQ \tag{6}$$

其中，MIQ为各省、自治区、直辖市粮食短缺量；MOQ为各省、自治区、直辖市粮食剩余量；$\overline{MOP}$为1991~1995年和2006~2010年各省、自治区、直辖市人口平均数量；ADQ为全国人均粮食需求量。

2. 数据来源

本文研究对象涉及全国31个省、自治区、直辖市（其中不包括香港、台湾和澳门地区）。数据来源历年《中国统计年鉴》、《中国农业统计年鉴》。其中所涉及粮食进出口数量为谷物和谷粉的合计数量。

3. 我国各省市粮食盈余情况

依据上述公式以及2006~2010年数据计算的结果，将我国31个省、自治区、直辖市的粮食供求状况划分为以下三种类型地区：①粮食主产区（粮食年度剩余量大于100万吨）：黑龙江、吉林、河南、内蒙古、安徽、山东、湖南、江西；②粮食平衡区（粮食年度余缺量小于100万吨）：辽宁、宁夏、新疆、江苏、西藏、河北、重庆；③粮食主销区（粮食年度短缺量大于100万吨）：湖北、青海、海南、四川、甘肃、云南、天津、山西、贵州、陕西、广西、北京、上海、福建、浙江、广东（见表1）。

(二) 空间均衡模型对我国粮食流向和流量估计

1. 考虑价格因素的我国粮食流向和流量估计

由于已经估算出各地的粮食盈余情况，因此，将粮食的调入调出作为已知量，空间均衡模型简化为目标函数：

表1 全国各省份粮食产量、消费平衡表（2006~2010年5年平均）

地区		粮食产量（万吨）	粮食消费量（万吨）	余缺数量（万吨）	比重（%）	生产集中度（%）	消费集中度（%）	自给率（%）
粮食主产区	黑龙江	3425.47	1519.12	1906.35	29.31	6.90	2.95	225.49
	吉　林	2621.00	1082.10	1538.90	23.66	5.28	2.10	242.21
	河　南	4892.54	3758.41	1134.13	17.44	9.86	7.30	130.18
	内蒙古	1762.88	952.82	810.06	12.45	3.55	1.85	185.02
	安　徽	2826.73	2459.92	366.81	5.64	5.70	4.78	114.91
	山　东	3978.42	3698.25	280.17	4.31	8.02	7.18	107.58
	湖　南	2704.40	2551.90	152.50	2.34	5.45	4.96	105.98
	江　西	1827.32	1725.23	102.09	1.57	3.68	3.35	105.92
	辽　宁	1777.22	1692.99	84.23	1.26	3.58	3.29	104.98
粮食平衡区	宁　夏	310.80	239.74	71.06	1.09	0.63	0.47	129.64
	新　疆	874.57	814.74	59.83	0.92	1.76	1.58	107.34
	江　苏	3002.56	3001.79	0.77	0.01	6.05	5.83	100.03
	西　藏	94.13	111.53	-17.40	0.17	0.19	0.22	84.40
	河　北	2705.76	2741.80	-36.04	0.35	5.45	5.33	98.69
	重　庆	1092.88	1143.39	-50.51	0.49	2.20	2.22	95.58
粮食主销区	湖　北	2180.06	2291.79	-111.73	1.09	4.39	4.45	95.12
	青　海	95.60	217.52	-121.92	1.19	0.19	0.42	43.95
	海　南	177.94	332.37	-154.43	1.51	0.36	0.65	53.54
	四　川	3083.64	3288.83	-205.19	2.01	6.21	6.39	93.76
	甘　肃	832.65	1038.55	-205.90	2.01	1.68	2.02	80.17
	云　南	1509.19	1781.11	-271.92	2.66	3.04	3.46	84.73
	天　津	139.97	431.90	-291.93	2.86	0.28	0.84	32.41
	山　西	1029.68	1340.99	-311.31	3.05	2.07	2.60	76.78
	贵　州	1136.66	1506.12	-369.47	3.62	2.29	2.93	75.47
	陕　西	1069.78	1484.19	-414.41	4.06	2.16	2.88	72.08
	广　西	1428.06	1896.14	-468.08	4.58	2.88	3.68	75.31
	北　京	100.36	631.20	-530.84	5.19	0.20	1.23	15.90
	上　海	109.56	721.94	-612.38	5.99	0.22	1.40	15.18
	福　建	688.11	1414.15	-726.04	7.1	1.39	2.75	48.66
	浙　江	807.56	1969.75	-1162.20	11.37	1.63	3.83	41.00
	广　东	1340.14	3640.52	-2300.38	22.51	2.70	7.07	36.81

注：①若该地区为调入区，余缺量指标为负；若该地区为调出区，则余缺量为正。②"比重"指标是某地区调入量（或调出量）占全国各地区总调入量或（总调出量）的比重。③生产集中度是指某地区粮食产量占全国粮食总产量比重；消费集中度是指某地区粮食的消费量占全国总消费量的比重。

$$\mathrm{Max} NSR_t = \sum_{i=1}^{N} MIQ_{it} \times P_{ijt} - \sum_{j=1}^{30-N} MOQ_{jt} \times P_{jt} - \sum_{i=1}^{N} \sum_{j=1}^{30-N} x_{ijt} \times c_{ijt} \quad (7)$$

约束条件：

$$C_{ijt} = F \times d_{ijt} \tag{8}$$

$$\sum_{i=1}^{N} X_{ikjt} \leq MIQ_{it} \tag{9}$$

$$\sum_{j=1}^{30-N} X_{ijt} \geq MOQ_{ijt} \tag{10}$$

$$(MIQ_{it}, MOQk_{jt}, P_{it}, P_{jt}, x_{ijt}, c_{ijt}) \geq 0 \tag{11}$$

其中，MIQ 代表各省、自治区、直辖市粮食净调入量；MOQ 代表各省、自治区、直辖市粮食的净调出量；i 代表粮食调入省份；j 代表粮食调出省份；t 代表年度；x 代表运输量；c 代表区域间单位粮食的单位运输成本；F 代表粮食运输费用；d 代表区域间距离。

约束条件（8）为区域间单位粮食运输成本的计算公式。

约束条件（9）表示从外省运到该省的粮食量小于或等于该省不足量的流入限制。

约束条件（10）表示该省剩余量大于或等于该省运到外省的粮食量的流出限制。

约束条件（11）表示对各个变量的符号限制。本模型中所考虑的运输成本为铁路和水运粮食运输成本。各个省份之间的距离采用各个省会之间的铁路运输距离。本模型考虑的运输成本为铁路粮食运输成本，按照平均运价 0.0616 元/吨公里计算①，海运里程单价为 1 吨 0.035 元/公里。

2. 不考虑价格因素的我国粮食流向和流量估计

由于粮食价格在获取上存在局限性，同时我国粮食的调运很大程度上受到运力和运量的限制，粮食收购价格差距不大，尽管粮食零售价格在短期内存在一定差距，但在长期内粮食价格基本持平，因此在模型估算中，对价格差异估计部分省去。这样就变成了仅仅根据需求数量、每个地区的生产潜力、运输成本，按照运输成本最小化目标，计算各个地区的最优生产数量以及地区间最优运输数量的运输—分配问题。本模型中所考虑的运输成本为铁路和水运粮食运输成本。各个省份之间的距离采用各个省会之间的铁路运输距离。本模型考虑的运输成本为铁路粮食运输成本，按照平均运价 0.0616 元/吨公里计算，海运里程单价为 1 吨 0.035 元/公里。

如果不考虑粮食进口，以现有省份的粮食盈余情况作为基础资料，利用优化软件进行模拟发现，位于我国偏远地区的粮食主销区的粮食供给就无法实现，如西藏、重庆、海南、四川、云南、贵州和广西的粮食不足问题。同时，广东部分粮食不足也无法充分供给。从地区分布来看，粮食供给不足的大部分为西南地区，其次是我国南部沿海地区。

如果考虑粮食进口，因粮食进出口数据获得上存在一定困难，且粮食进口和储存数据也属于保密数据，难以得到有效信息。因此，本文假设我国年均 1857.18 万吨的粮食进口分别从大连、宁波和防城港进入，且数量上各占 1/3。② 大连、宁波、防城港与海港城市之间用水路运输，与其他地区的运输方式则考虑铁路运输，均是到各省市的省会距离。通

---

① 铁路运费计算较为复杂，按铁道部铁路货物运价规则（2006）粮食属第 11 类货物，运价号为 4，运费基价为 9.3 元/吨，里程单价为 0.0434 元/吨公里，整车货物电气化附加费为 0.012 元/吨公里，免收 0.033 元/吨公里的铁路建设基金，按平均运距 1499 公里计算，平均里程运价为 0.0616 元/吨公里。具体方法详见：梁书民，刘小和，孟哲，白石. 我国粮食综合运输费用与最优物流路径研究 [J]. 中国粮食经济, 2007 (4): 32-35.

② 可以按照实际情况代入进行测算，方法相同。

过计算机模拟发现，东北粮食主产区粮食大部分通过大连向南方转运，其中除黑龙江向北京供应246.4202万吨之外，其余1659.929万吨则通过大连转运，吉林的1538.9万吨则全部由大连转运，辽宁除了向天津提供48.8万吨粮食之外，其余的34.4305万吨全部由大连转运。河南盈余的粮食能够供应重庆、湖北、四川全部的粮食不足以及云南和贵州的部分粮食不足；内蒙古的粮食盈余能够供应青海和山西的全部粮食不足以及甘肃和北京的部分需求；安徽和江苏的粮食盈余全部供应给浙江；山东的粮食盈余能够供应河北和天津的全部不足；湖南只能供应贵州的部分不足；江西的粮食盈余只能供应贵州的部分不足；宁夏的粮食盈余能够供应西藏的全部不足以及甘肃的部分不足；新疆的粮食盈余只能满足甘肃的部分不足；大连经东北转运和进口的粮食能够满足上海、福建的全部需求，浙江的大部分需求和广东的小部分需求；经宁波进口的粮食能够满足广东大部分需求和广西小部分需求；而防城港进口的则能够满足海南的全部需求；云南的部分需求和广西的大部分需求。需要注意的是，本文所做的模拟是假定粮食没有本质性差别，因此没有严格区分粮食的品种，而是将粮食作为一个整体，因此与粮食流量和流向的实际有所差别，但大致上相似。如果要细分每种不同品种的粮食，估计不同品种粮食的流向和流量用同样的方法就可以实现，在此不做赘述。

（三）我国粮食走廊模式分类的提出

按照粮食走廊模式分类的便捷性、合理性、因地制宜和以问题为导向的原则，粮食走廊的分类不仅仅要考虑成本和路径的最优，还要考虑各地粮食调运的来源、粮食调运的方式以及保障粮食安全的难度和重要程度。

从前面的估计可以看出，按照成本和路径最优的原则，在沿海粮食主销区和粮食主产区之间形成了粮食大量单向流动；西部地区由于地理位置、交通运输方式的限制，其相互间粮食流动较为频繁，其粮食调配在其区域内部较多；考虑到粮食进出口的影响，我国沿海港口城市在承接粮食进出口方面具有较大优势，其粮食出入既受到国内主产区、主销区的影响，又受到国际粮食进出口的影响。另外，我国重要特大城市群的北京、上海等地，由于经济飞速发展，大量人才和产业聚集，粮食需求占到全部粮食调运的13.67%，保证特大城市的粮食供应显得异常重要。

因此，将我国粮食走廊模式分为：海外进口据点型粮食走廊、特大城市群供给型粮食走廊、沿海地区国内调运型粮食走廊和边疆地区调运型粮食走廊四种类型。海外进口据点型粮食走廊由广东深圳、山东青岛、浙江宁波、上海、辽宁大连和广东防城等港口地带组成；特大城市群供给型粮食走廊主要由北京、上海等特大城市与粮食主产区地带组成；沿海地区国内调运型粮食走廊主要由沿海地区和粮食主产区地带组成；边疆地区调运型粮食走廊主要由西北、西南等地区与粮食主产区地带组成。

四、我国粮食走廊具体模式分析——以沿海地区国内调运型粮食走廊为例

（一）沿海地区国内调运型粮食走廊特点

1. 沿海地区耕地资源短缺，粮食增产潜力小，粮食缺口大

沿海地区包括广东、浙江、福建、海南等地，它们是我国经济改革的前沿地带，人多地少，耕地资源十分紧缺，可开发耕地后备资源不足，加上近年来经济发展和城市化进程的不断加快，农用耕地特别是产量较高、适合农作物生产的耕地正在逐年大幅度减少。再

加上种植结构的改变，由原来比较单一的粮食种植逐渐发展到经济作物占相当的比重。虽然由于科技的进步和技术的改进，粮食亩产正不断增加，但作为主销区沿海经济地带粮食产量却逐渐减少，粮食增长潜力小。与此同时，沿海地区经济飞速发展，正处于经济高速增长阶段，具有较强的购买力和消费能力，未来人们对粮食需求将会因为消费结构的变化而呈现不断增长的态势，尤其是华东、华南地区等沿海经济发达地区的粮食缺口规模将不断扩大。这将给当地粮食安全带来极大隐患。

2. 粮食产销区之间存在较大的利益联动关系

粮食主产区和粮食主销区之间存在较大的利益联动关系。从价格上看，一方面，粮食作为人们基本的生产、生活的资料，必须在一定的时间范围内消费才能实现其价值；另一方面，谷物价格较低将会极大程度上影响主产区农民种粮的积极性，同时粮食价格的上涨将会对销区人们的生活产生的一定影响。因此，保持价格在一定范围的稳定显得格外重要。从粮食产业的性质来看，粮食作为弱质性产业，其收益水平较低，而粮食主销区第二、第三产业比较发达，其人均收入和经济能力水平远远高于粮食主产区。随着各地对经济发展水平的重视，粮食产业收益能力较低，将会在极大程度上影响粮食主产区种粮积极性。粮食主产区积极谋求利用当地的优势资源来促进当地经济发展，粮食加工业也成为粮食主产区重点发展的行业之一，这将会影响粮食主产区和主销区的仓储、加工等方面的布局。粮食主产区和主销区之间既存在着合作关系，也存在着竞争关系，必须加强两者之间的合作，才能实现二者的"双赢"。

3. 粮食价格影响因素较为特殊

由于经济、政治和社会的稳定，再加上粮食需求弹性较小，粮食需求量的变化具有规律性和稳定性，粮食主销区的需求一般变化不大。在粮食稳定供应的情况下，一般来说，粮食价格较为稳定。但是如果有危及主销区粮食安全的情况发生时，需求将发生激烈的变化。如2003年的"非典"疫情影响造成人们心理的恐慌，导致粮食需求非正常增加，诱发了粮食市场的动荡。另外，由于粮食生产周期较长，粮食流通环节对粮食价格影响越来越明显。随着我国粮食流通体制的市场化导向改革不断开展，粮食流通环节的粮店、粮商联手上涨粮食价格，对主销区人们的生活产生很大的影响。因此，提高粮食主销区粮食供应效率以保障粮食安全稳定非常重要。

(二) 沿海地区国内调运型粮食走廊目标

沿海地区国内调运型粮食走廊主要由沿海地区和粮食主产区地带组成，其目标是加强合作，实现共赢。即要加强沿海地区和粮食主产区的产销合作，形成长期的共赢关系，以保障沿海地区国内调运型粮食走廊的顺畅。

(三) 沿海地区国内调运型粮食走廊需要解决的重点问题

1. 开辟稳定的粮源渠道

粮食主产区对粮食具有长期、大量的需求，因此粮食主产区与主销区之间应建立起稳定的粮食供销关系。一方面让主产区的粮食能够得以实现价值转移，另一方面以保障粮食主销区的粮食安全。但在这其中还需要进一步协调粮食主产区与主销区之间的粮食仓储和加工等方面。目前来看，上海、福建、浙江等省份与东北地区开展的产销合作具有重要意义。从实施情况来看，沿海粮食主销区与主产区之间采取订单农业等方式，虽然在一定程度上改善了粮食主销区的粮源问题。但由于合同订单的约束力较小，当粮食价格发生较大波动的时候，粮食合同订单难以履行。因此，沿海粮食主销区应积极开辟粮源渠道，以保证粮食稳定供应。

2. 合理规划粮食物流通道

在全国范围内合理地规划粮食物流通道，以减少粮食运输的"瓶颈"。从目前状况来看，我国粮食主产区位于东北、河南一带，向沿海地区调运，基本上呈现出"北粮南运"和"西粮东运"的态势。由于我国粮食流通受到运输条件的极大限制，因此，要合理规划粮食物流通道，充分利用水路运输优势、加大铁路运输效率，避免粮食流通路径的迂回和运输"瓶颈"的限制。

(四) 沿海地区国内调运型粮食走廊可能的实现方式

1. 大力开展跨区域合作，优化粮食走廊

沿海地区作为粮食主销区要大力开展与国内粮食主产区之间的跨区域产销合作。由于粮食主产区和粮食主销区之间距离较远，开辟沿海地区粮食主销区和国内主产区之间的粮食通道尤为重要，特别是要建立健全东北粮食主产区向沿海地区流动的通道。东北地区的粮食由于铁路运输费用较高，海运的成本低，而山海关是东北地区通往内陆以及沿海地区的交通要道，同时又承担着煤炭、石油等其他大宗资源的转运，在电力紧张、资源紧张的情况下，东北地区的粮食外运成为困扰当地的重要问题。因此，东北地区要与沿海地区开辟顺畅的粮食通道，充分利用大连港转运和海运成本低的优势。在设计沿海地区和粮食主产区走廊时，一方面，要充分考虑廉价的水路运输方式，将东北粮食主产区的粮食通过大连港转运至上海、福建和广东一带，与此同时，还要充分利用长江河道的优势，采用长江与海港的对接，降低粮食运输成本；另一方面，利用国内铁路运输，将安徽、湖南等地的稻米调运至沿海一带。另外，从粮食品种结构上看，东北地区的稻米也正好满足南方地区人们的消费习惯，而河南一带的小麦也会在很大程度上满足北方地区人们的消费习惯。

2. 充分利用海外据点型粮食走廊对沿海地区的辐射

海外据点型粮食走廊中的重要港口位于沿海地带，沿海粮食主销区应充分利用港口城市在粮食走廊中的物流节点作用。海外据点型粮食走廊中重要的节点港口城市如大连、上海、防城港等，都建立了相应的粮食物流中心，具有较为全面的粮食加工、粮食储存和粮食进出口设备，承担着粮食转运、粮食进出口等重要任务。而沿海粮食主销区正是处于这些重要港口城市的辐射范围之内，因此要充分发挥海外据点型粮食走廊中重要港口城市的作用。沿海粮食主销区，一方面，要根据国内现有粮源供应，按照合理优化的原则开辟国内粮食走廊，充分利用国内粮源，以实现粮食供需的内部平衡；另一方面，在确保国内粮食合理自给率的情况下，可以适当利用国际进口粮食来满足当地的需求。这样可以在很大程度上减少粮食运输的成本和优化粮食流通路径，减少粮食流通路径的迂回。东北粮食主产区以大连为重要的粮食转运港口；长三角一带则以上海为中心，宁波和连云港为辅，而珠江三角洲则以广西防城港为中心，厦门和深圳为辅。

3. 在区域范围内布局粮食供应网络体系

沿海地区是我国经济发达区域，人口密集，粮食价格波动对当地经济社会发展具有很大的影响。因此，要加强粮食安全保障措施，尤其是粮食供应的网络体系建设，以保障当地居民和企业的需求。一方面，要建立健全粮食批发市场网络体系，改善粮食批发市场环境，提升粮食批发市场功能和信息化水平；另一方面，要在市、县和较大集镇完善粮油集贸市场，并在中心城市和具备条件的市县建立粮油超市。完善粮食安全预警体系建设，当地政府要积极发挥保障粮食安全的重要作用，利用中央与地方粮食储备积极调节粮食供应，稳定粮食价格。

五、结 论

粮食走廊是粮食物流的重要内容。粮食走廊呈现出时效性、区域性、受到运输条件的制约较大的特征，按照便捷性、合理性、因地制宜、以问题为导向的原则，将全国粮食走廊分为海外进口据点型粮食走廊、特大城市群供给型粮食走廊、沿海地区国内调运型粮食走廊和边疆地区调运型粮食走廊四种类型。在全国范围内建设粮食走廊，对国计民生、农业发展具有重要意义，能够确保国家粮食安全、促进粮食区域化分工、形成粮食产销的区域平衡机制等。由于篇幅的限制，本文仅以沿海地区国内调运型粮食走廊为例，分析了粮食走廊建设的目标、面临的难题和实现方式等。

参考文献

[1] 侯力军等. 中国粮食物流科学化研究 [M]. 北京：中国农业出版社，2002.

[2] 朱明德. 中外大型粮食企业在粮食现代物流体系中发挥作用比较 [J]. 粮食流通技术，2005（4）：8 - 10.

[3] 吴志华，胡非凡. 粮食物流2005年取得长足进展，2006年将会整合提升 [N]. 现代物流报，2006 - 02 - 13.

[4] 高源. 东北经济区粮食物流系统空间布局模式研究 [J]. 地域研究与开发，2007（5）：34 - 37.

[5] 李义伦. 珠江三角洲地区粮食物流通道的构建及其优化分析 [J]. 商业经济文荟，2006（4）：78 - 79.

[6] HALBRENDT C K, GEMPESAW C M, CHEN C S. A Spatial Equilibrium Model of Inter - provincial Rice Trade in China [J]. Southern Journal of Agricultural Economics, 1989, 21 (1): 46 - 60.

[7] HEARN D, HALBRENDT C K, GEMPESAW C M, WEBB S E. An Analysis of Transport Improvements in China's Corn Sector: A Hybrid Spatial Equilibrium Approach [J]. Journal of Transportation Research Forum, 1990, 31 (1): 201 - 222.

[8] WEBB S E, HALBRENDT C K, GANNA R. An Application of a Spatial Equilibrium Model to Analyze China's Interregional Trade: Implication for International Agricultural Market [J]. American Journal of Agricultural Economics, 1992, 74 (5): 121 - 150.

[9] 辛贤，万广华，刘晓昀. 中国饲料粮区域间流通及对价格的反应 [J]. 中国农村观察，2002（1）：22 - 29.

[10] 陈永福. 中国食物供求与预测 [M]. 北京：中国农业出版社，2004.

[11] 张玉梅. 天然橡胶市场空间均衡模型研究 [D]. 华南热带农业大学硕士学位论文，2006.

[12] 梁书民，刘小和，孟哲，白石. 我国粮食综合运输费用与最优物流路径研究 [J]. 中国粮食经济，2007（4）：32 - 35.

[13] 张强，熊盛武. 多配送中心粮食物流车辆调度混合蚁群算法 [J]. 计算机工程与应用，2011（7）：4 - 7，39.

[14] 梁书民. 精饲料流通最优化研究——基于空间均衡模型和GIS网络分析 [J]. 农业技术经济，2010（1）：80 - 87.

[15] 张海洲，李堃，刘波，王岩峰. 基于ExtendSim的粮食物流仿真模型研究 [J]. 粮食流通技术，2010（5）：33 - 36.

Study on the Spatial Equilibrium Model of China's Grain Corridor

XU Jian－ling

(1. *Center for Food Security and Strategic Studies, Nanjing University of Finance and Economics, Nanjing* 210003, *China*; 2. *Institute of Food Economics of Nanjing University of Finance and Economics, Nanjing* 210003, *China*)

Abstract: This article defines and characterizes grain corridor, anglicizing of principle and feasibility of establishing grain corridor. Using spatial equilibrium model to estimate China's grain flow and traffics and according results, the article puts forward to build overseas imported positions grain corridor, large urban agglomerations grain corridor, domestic transportation grain corridor in the coastal areas and border area transportation grain corridor. At last the article discusses domestic transportation grain corridoras a case, and explores the characteristics, objectives, problems to be solved and specific implementations.

Key Words: grain corridor; spatial equilibrium model; grain circulation

主要发达国家粮食流通政策演变及其启示

李 丰

(南京财经大学 粮食安全与战略研究中心,南京 210003)

摘 要 研究考察美国、日本和欧盟等主要发达国家三种不同类型的粮食流通政策的演变、特点及这些国家对粮食价格的支持政策,结合当前我国粮食流通的现状及存在的突出问题,提出发达国家粮食流通政策对加快我国粮食流通体制调整的政策建议。

关键词 发达国家;粮食;流通;政策演变

以美国、日本、欧盟为代表的西方发达国家在农业现代化发展方式方面具有典型的代表性。其中,美国为基本集约型,日本为劳动密集型,欧盟为中间型发展方式,这些国家和地区在粮食流通体制方面有着各自的特点,其成功经验和深刻教训对我国今后粮食流通政策的制定具有很现实的借鉴意义。

一、美国

美国的粮食生产是典型的集约化生产,中小型农场主占主要地位。美国主要通过市场来促进粮食流通,粮食流通基本上实现了市场化,从生产到进入市场,中间没有政府任何的行政干预,经营完全是私人农场主的自主行为。美国联邦政府运用信贷杠杆等经济手段对粮食市场实行间接调控,建立了一套较为完善的市场化粮食流通体制。美国政府提供的公共粮食服务主要有定期发布的全球粮情预测预报、完善的技术标准和服务等。

(一)美国粮食流通体制沿革

美国粮食流通体制的沿革与美国农业政策的调整是密不可分的,自20世纪30年代罗斯福政府制定临时农业法案以来,美国政府为维护粮食生产者的收入,制定了一系列的农业支持政策,相继出台了数十个有关农业补贴的政策,因此农业政策沿革可以说一直处在不同历史背景下对农业法案的不断修改的过程,大体分为以下三个阶段:

1. 价格支持政策阶段

该阶段大概为1929~1983年。1918年第一次世界大战结束后,欧洲农业遭到严重破坏,美国农民因看好出口市场大量增产,但1920年欧洲农业迅速恢复,加之1929年世界经济危机爆发,导致美国粮食出现严重过剩,价格开始大幅度下跌,许多农产品价格低于生产成本,农民甚至用粮食取代煤炭充当燃料,农民因无法支付贷款而陷入财务困境。

收稿日期:2012-08-02
基金项目:南京财经大学校级课题:发展中国家粮食安全战略比较分析。
作者简介:李丰(1974—),男,汉族,河北邯郸人,副教授,管理学博士,研究方向:粮食经济。

在此背景下，美国政府于 1933 年颁布了《1933 年农业调整法案》，旨在振兴美国农业。之后，美国又先后于 1935 年、1954 年、1956 年通过修改了《农业调整法案》。该阶段粮食支持政策以价格支持和限制耕作面积为主要内容：

（1）价格支持政策。从平价到目标价格。平价支持政策是政府对国内基本粮食商品的交易价格规定的支持价格。其计算方法为：某粮食价格为以基年投入粮食生产与家庭所需的商品和服务比例计算总的价格调整指数。

20 世纪 70 年代初期，石油危机爆发、世界粮食紧缺、美元大幅度贬值等因素极大推动了美国粮食出口，在此背景下，美国政府为防止粮食价格下跌、限制生产、解决粮食过剩，转而控制粮食价格上升，扩大生产以满足世界粮食需求。为减少财政支出，1973 年通过《农业与消费者保护法案》，提出用目标价格代替平价价格，规定只有当市场价格低于目标价格时，政府才需补齐市场价格与目标价格的差额。

（2）限制耕作面积政策。通过限制耕作面积的方法控制产量，调整粮食供给，防止粮食价格进一步下跌。将限产限耕与农民经济利益挂钩，采取激励与惩罚并举的方法。政府与农户签订自愿减少基本粮食作物种植面积的协议，并给予直接补贴。

2. 市场化调节起步阶段[1]

该阶段为 1983~2002 年。20 世纪 80 年代初，世界粮食价格下跌，欧洲各国又纷纷扩大粮食生产，增加出口补贴，成为世界粮食市场的有力竞争者。以上原因导致美国粮食出口锐减、粮食过剩、土地闲置问题凸显，高额的粮食补贴也对财政造成巨大压力。政府开始考虑采用更多依赖市场化的粮食支持政策，以减少粮食补贴费用和稳定粮食价格。该阶段始于 1983 年实行的《实物支付计划》，该计划在力图大幅削减粮食产量的同时，也打算减少政府粮食储备。1986~1990 年粮食补贴政策由价格支持为主转变为直接补贴为主。

1985 年政府为了进一步加强实物直接补贴，增加粮食出口商补贴，通过了《食品安全法》。该法律规定，农场主不需要把农产品抵押给商业信贷公司即可取得贷款。

1990 年在颁布的《食品、农业保护和贸易法案》规定市场化调节的政策导向下政府逐渐放松了对农户粮食种植面积的控制，再次重申了自由种植的政策，即实行弹性耕种面积政策。

1995 年粮食价格大幅度上涨，农户从传统的目标价格支持计划中直接获利减少。1996 年政府通过《联邦农业改善和改革法案》，该法案主要包括以下几点内容：逐步取消价格补贴，推动农业市场化进程；采取与产量逐步脱钩的补贴方式；取消耕种面积的限制；保留基本的无追索权贷款。

3. 补贴进一步加大阶段

该阶段为 2002 年至今。1998~2001 年粮食价格再次下跌，如没有政府额外补贴，农户将面临严重亏损。乌拉圭回合谈判也没有给美国农业产业带来预期收益。在此背景下，2002 年美国政府通过了《2002 年农业保障和农村投资法》（以下简称"新法案"），实施期为六年。新法案大幅度增加了为农户建立收入安全网的"商品补贴"，即主要通过贷款差额补贴、固定直接补贴和反周期补贴等措施，对种植小麦、饲料谷物、棉花、大米、油籽的农户提供巨额收入补贴。对乳制品、食糖、花生生产者继续提供价格、贷款补贴和进口保护（见表1）。

与过去的农业法相比，2002 年美国农业法是一个更加庞杂的综合法案，涉及美国农业、农村发展的各个方面。就农业补贴而言，新法案主要有以下特点：①农业补贴总额达到历史最高水平。②农业补贴范围是美国农业政策史上最广的。③在补贴方式上主要采取"黄箱"措施，构建了以收入支持为目标、以价格支持为核心的农业补贴三大支柱，即销售贷款条款、固定直接补贴和反周期补贴，对农产品市场将产生显著的干预作用，使农民的生产决策可以不必考虑市场的状况，其收入将完全置于政府补贴的安全网中。④农业补贴的分配相对集中。尽管新法案扩大了补贴范围，但补贴仍集中于少数农产品以及少数规模大的农场。

表1 1998～2008年美国农业出口与粮食援助主要项目开支

单位：百万美元

年份 项目	1998	1999	2000	2001	2002	2003	2004	2005	2006	2007	2008
出口强化项目	2	1	2	0	0	0	0	0	0	0	0
乳制品出口激励项目	110	145	78	5	32	3	0	0	0	0	0
市场进入项目	90	90	90	90	100	110	125	140	200	200	200
外国市场发展项目	0	28	28	28	34	34	34	34	34	34	34
出口信贷保证项目	4037	3045	3082	3227	3388	3223	3716	2625	1363	1445	3115
粮食为和平项目	1138	1808	1293	1086	1270	1960	1809	2115	1829	1787	2327
粮食为教育项目	—	—	—	—	—	100	50	90	97	99	99
第416（b）条款	0	1297	1130	1103	773	213	173	76	20	0	0
粮食为进步项目	111	101	108	104	126	137	138	122	131	147	155
总计	5488	6515	5811	5643	5723	5780	6045	5202	3674	3712	5930

注：第416（b）条款为美国农业法条款规定，美国可以利用剩余农产品向国外提供粮食援助。
资料来源：数据为美国农业部各年度《预算概要与年度工作安排》整理而得。

（二）美国粮食流通的特点

1. 粮食流通组织的规模化

国际上非常有名的大型粮食流通企业主要有ADM（Archer Daniel Midlang）公司、邦吉（Bunge）公司、嘉吉（Cargill）公司和路易达孚（Louis Dreyfus）公司。除了路易达孚公司属于法国以外，其余的三大公司均属于美国。其中邦吉公司19世纪初主要在南美洲开展业务，后于20世纪初进入美国市场，1999年将总部正式迁入美国。这些公司都非常注重从农场到消费终端的整个粮食产业链的完整性，注重粮食深加工和粮食物流环节，都力求最大限度地实现粮食价值增值以实现其利润最大化，同时这些公司仍在进一步扩大粮食生产的规模。

2. 完善的流通体系（见图1）

（1）粮食收购体系。美国农民生产粮食主要销售路径有两条：一是销售给临近的饲养农场；二是销售给粮食公司。美国农民生产粮食主要由一些大的粮食公司在粮食产地都设有产地储存仓（即收购点），承担收购农民谷物的职能。农民可以根据价格、服务、付款、运输等条件自愿决定卖给哪个收购点。这些收购点按所有权大致可分为三类：第一类是私人所有者经营；第二类是农民合作社所有并经营；第三类是大的粮食公司或加工公司所有并连锁经营。这些收购点基本上按照商品流向和方便农民出售自然形成，构成一个合理布局。

（2）粮食仓储、集运和加工体系。美国粮食仓储、集运和加工体系由产地储存仓（主要承担粮食的收购任务）、中转储存仓（主要承担粮食集散任务）、出口储存仓（主要承担粮食出口和大宗转口销售任务，基本上都设置在大的港口，拥有相应的运输、装卸设施）及加工厂组成。美国的粮食仓库多是公司、私人或农场主所有，这些私人仓库都是经营性的，如果国家要求他们储存粮食，必须付给他们费用[2]。

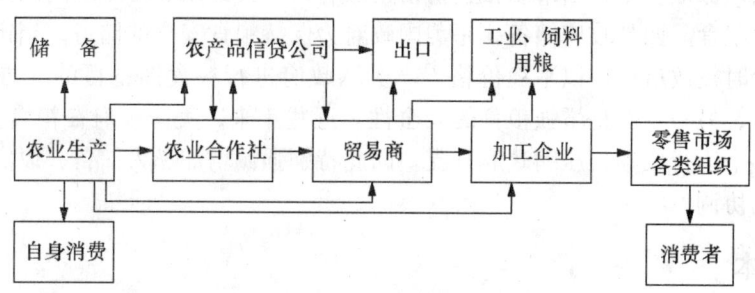

图1　美国粮食现货市场流通体系图

（3）粮食销售体系。美国粮食销售由食品批发商和零售商组成。在美国各级粮食销售市场上，经营各种业务的私人企业成为美国粮食销售的主体。按照商业活动和性质，这些中间商人可以划分为四种类型：中间商、代理商（主要为雇主服务，手续费和佣金为代理商的收入）、加工制造商（设立在集贸市场和中心市场，这些加工厂有自己的采购系统，直接到产区收购粮食。现在粮食加工企业正成为销售体系中的骨干力量）、促进粮食销售机构（一般不直接参与粮食的销售过程，主要是为买卖双方提供运输、装卸设备，制定双方应遵守的行业规章，手续费和设备使用费用是其主要收入以及收集、评价发布有关粮食价格等市场行情和信息）。

3. 健全的价格体系

在美国粮食流通体系中，粮食流通价格是流通体制的重要组成部分，主要包括三方面内容：

（1）期货价格。目前，在美国几乎所有从事粮食生产、加工、贸易的企业以及粮食生产者都通过期货市场来套期保值，通过预测未来市场价格，指导粮食生产和经营，以回避价格风险。由于美国粮食期货市场发展较为成熟，它对全球粮食市场具有十分重要的作用，现在，芝加哥期货交易所已经成为世界粮食价格形成的中心。

（2）现货价格。在美国，粮食现货交易价格主要通过基差交易的形式进行。所谓"基差"是指当地现货价格减去芝加哥期货交易所期货价格的差额。在现货交易时，买卖双方一般都不在合同中明确固定价格，而是以某年、某月、某日芝加哥期货交易所期货价格加减一定的基差作为现货价格。这种作价办法，可以减少经营者的价格风险，锁定买卖的成本和利润，使现货定价有统一依据。

（3）价格补贴。为了保护粮食生产，美国动用巨额财力对粮食生产给予价格支持。由于价格支持政策是建立在巨额财政支出基础上的，因此，政府很难长期坚持这项政策。

近几年，美国政府尝试利用期权交易形式保护农产品价格。

4. 完善的储备体系

在美国粮食流通体系中，粮食储备体系也是重要一环。美国的粮食储备有四种：一是正常的储备，是粮食生产者和加工商正常经营的周转性库存。二是缓冲储备，是从一个生产年度到下一个生产年度调节供求的粮食储备，由美国政府和私人共同参与控制。三是农民自身的储备，主要指参加自有储备计划农民储存的粮食。粮食生产者与商品信贷公司签订合同，由商品信贷公司给农民支付补贴并贷款，贷款利率低于市场利率，农民对储备的粮食在三年内须保证质量，当市场粮食价格剧涨时，农民必须在特定时间内归还贷款，以迫使农民抛售粮食。四是政府储备，是美国政府为保持粮食安全的储备，当市场价大大高于农民投放价时投放市场，以平稳价格[3]。美国政府进行粮食储备目的一方面是为稳定价格提供后盾，另一方面是增强粮食的安全性。近些年来，美国政府在粮食储备运行中，更注重减少整个运行成本，压缩政府开支。因此特别强调增加私人储备，以实现政府储备与私人储备的协调。

二、日本

日本和中国同属亚洲，两国在农业领域不仅自然条件、资源禀赋和社会文化背景相似，而且在粮食流通体制的变革中也有许多的相似之处：如中日两国都曾有过从政府管理和市场调节的"双轨制"，到以市场为导向的流通体制的演变。在粮食流通体制改革历程中中日双方既有各自的特点和优势，也有相同相异的问题和局限性。

（一）日本粮食流通体制改革历程

大米作为日本传统最重要的农产品，同时又是国民的主食，在所有的农产品中受到了农业政策最有力的保护。日本从1945年起至1967年，出现了大米生产不足的现象，政府推出增产政策的同时对大米的价格和流通实行政府直接管理。1967~1969年连续3年粮食大丰收导致日本大米过剩，政府调整生产政策，自主流通米制度开始实施，转向了"双轨制"的流通体制。1994年年底《新粮食法》的颁布，使日本大米流通进入放开经营阶段，同时1995年日本接受关贸总协定乌拉圭回合"农业协定"的最低市场准入量开始进口大米，进一步加大了日本国内大米供求结构的变化。以下按照大米经济三个时期划分来分析日本大米经济和大米流通的特征[4]。

1. 大米短缺时的政策

虽然战后日本粮食紧张的局面逐步得到缓解，但是到1951年大米还是呈现短缺的现象，依据《粮食管理法》，大米价格和大米的流通开始被置于政府的直接管理之下。大米的供求调整是粮食厅根据供给分配制度从农民手中收购大米，再根据分配制度分配给消费者。大米的进口也是在粮食厅的直接管理下进行的。大米的流通途径如图2所示，农民把收获的大米除去自给部分以外其他的都卖给当地的农业协同组织（以下简称农协），再由当地农协把收购上来的大米集中起来卖给经济农业协同组合联合会，然后由全国农业协同组合统一收购，出售给粮食厅。

大米的流通在各个阶段的价格是法定的，粮食厅从农民手中购买大米的价格（生产者价格）是基于确保大米的能够再生产而制订的。1951~1959年采用的是"移动平均数法"（parity account）。粮食厅卖给批发商的价格，即消费者的购买价格，是基于稳定家庭生计考虑的。

生产者→地方农业协同组织→经济农业协同组织联合会→全国农业协同组织→粮食厅→生产者→批发商→零售商→消费者

图2 大米的流通（1945~1968年）

注：战后，粮食厅购进的大米是通过粮食配给公团流向消费者的，粮食配给公司于1951年解散后，粮食厅把大米卖给指定的批发商，然后由批发商卖给指定的零售商，再流向消费者。

伴随着经济的发展粮食供给出现好转。粮食管理制度也依据现实做了相应的修改。主要变化有：①1955年在大丰收的背景下，大米的供应由政府确定计划生产数量向"事前出卖申请制度"转换；②随着农工间收入差距的扩大，对大米生产者价格从"移动平均数法"变为"生产成本及收入补偿方式"。截至1955年，农户收入超过城市居民的收入，但是随着经济增长，城市劳动者工资的收入不断增加，已经开始超过农户的经营收入。鉴于农工间收入差距的扩大，农民要求提高大米价格来增加收入。基于此要求，从1960年开始，以生产成本及收入补偿方式作为政府大米收购价格的依据。这种政府大米收购定价的特征是：以城市劳动者的工资水平以及从事大米生产所投入的劳动时间来计算。由于20世纪60年代起城市劳动者工资不断上涨，导致政府收购大米的价格也持续上涨。1960年60千克大米的政府收购价格为4162日元，到1968年仅8年间就涨到8269日元，增长近1倍。

2. 生产过剩时期的大米政策

（1）大米的生产调整。

随着大米收购价格的上涨，调动了农民种植水稻的积极性，同时也使得种植其他农作物的农民开始转为种植水稻。同时农民对稻米的生产不断增加技术投入，如引进高产品种、采用机械化种植、增加土地改良的投入等，使稻米产量大幅度增加。尤其是1967~1969年，稻米产量连续3年丰收，创历史纪录，解决了大米国内自给问题。

同时，与稻米丰收局面形成鲜明对比的是大米消费状况。由于受到欧美文化的影响，日本国民对大米的需求开始下滑，导致大米供应过剩。1970年政府持有陈米的数量达到720万吨。政府在处理陈米的同时，从1971年开始调整大米生产政策来抑制生产。其主要内容为：政府根据大米的需求制定减少全国耕种面积的计划，具体目标分配到都道府县，最后细化到各个乡镇村。此次生产调整不是以法律为基础来进行的，而是政府行政性指令。具体是由当地政府和地方农协来执行，对减少耕种面积的农户实施补贴。生产调整政策一直延续至今，截至2003年水田耕种面积减少了40%。

（2）大米价格政策。

政府制定的大米收购价（生产者价格）明显高于销售价格（消费者价格），购销倒挂部分由农业财政予以补贴。这实质上是对生产者的一种收入补偿。由于这种价格补贴政策，客观上导致了零售价格随之上扬。1970年日本大米的政府收购价为每60公斤8272日元，销售价格为每公斤7442日元，购销差价为830日元，到1975年购销差价高达3365日元。这种购销差价现象加剧了政府负担。除此之外，政府还要负担巨额的管理费用，以1975年为例，60千克大米的管理费用为5764日元，截至1980年，政府在米流通中出现的财政赤字高达1兆亿日元（见表2）。

表2 日本政府大米收购价格与销售价格的关系

单位：日元/60千克糙米

会计年度	政府收购价（1）	政府销售价（2）	购销差价（2）-（1）	成本差价（含管理费用）
1970	8272	7442	-830	-2219
1975	15570	12205	-3365	-5764
1980	17674	15891	-1783	-5940
1985	18668	18598	-70	-3474
1990	16500	18203	1703	-2281
1995	16392	18123	1731	-5404

资料来源：农林水产省综合粮食局资料。

（3）自主流通米的实施。

针对高额的财政负担，政府于1969年改革了《粮食管理法》所确定的政府强制管理的大米流通机制，允许自主流通米进入市场。此次修改的目的是在稳定大米供应的同时，减少政府压力，并通过市场机制的引入，提高大米的流通效率，引导大米生产走向良性循环。所谓自主流通米是指不受政府价格控制的在市场上"自主流通"的米。实际上，在政府允许自主流通米进入市场之前，市场上已经出现了自由米。自由米是政府无法控制的黑市米，它的存在为自主流通米的形成奠定了基础。

自主流通米政策出台后，在市场上出现了两种类型的合法大米：政府米和自主流通米（黑市的自由米不包含在内）。在市场上也出现了两种销售价格：政府米的销售价格和自主米的销售价格。这样就形成了日本粮食流通的混合体制及粮食价格上的"双轨制"。

自主流通米政策实施后政府米的流通机制并没有发生变化，只是政府米的收购量和流通量减少了，而自主流通米的数量却增加了（见图3）。自主流通米与政府米最大的差别在于流通过程中的价格决定：自主流通米的价格是由供需双方共同决定的，这包含着由市场来决定价格的因素，而政府米在流通中的价格仍然由政府决定。实际上，自主流通米的价格是由供给商、销售商和政府三方面因素共同形成的，具有一定的垄断性。

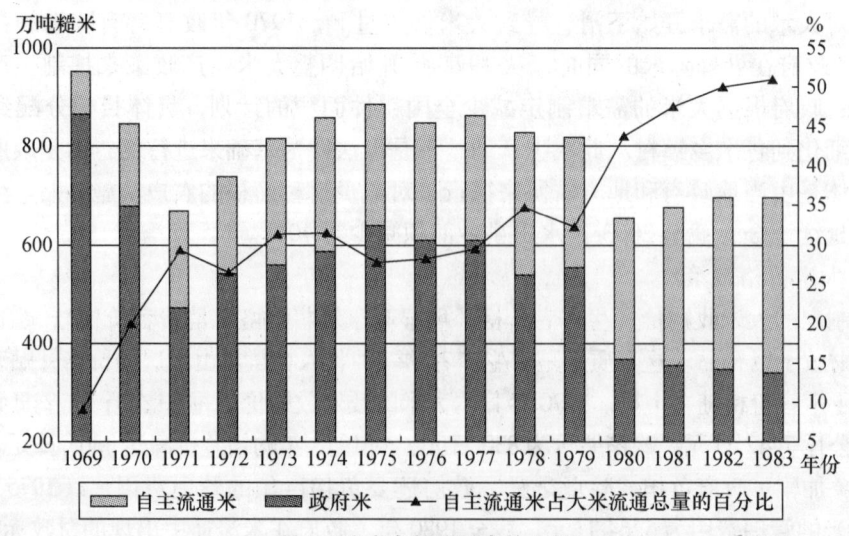

图3 政府米与流通米的比例

资料来源：日本农林统计协会：《农林附属统计表》(1984)。

3. 开放经营阶段

1994年11月，日本政府废止了早已经远远落后于实际需要，但却长期支配着大米生产、流通的《粮食管理法》（简称"旧法"），制订了《关于主要粮食的供需及价格稳定法》（简称"新法"）。

由于大米生产、流通、消费环境的变化、"旧法"已经不能满足客观的需要了。比如：从生产方面"旧法"已经不能起到发挥农民的创造性和调动生产积极性的作用。在消费者来看，在"旧法"下，消费者买不到自己想买的大米，且流通渠道繁杂、费用大。而与稻米农户有购销合同，具有巨大购买力的生协（城市消费者合作社）及超市等流通企业对黑市米猖獗大为不满。"新法"正是为了消除这些不满而制订的。

日本本来就面临着生产过剩、米价低落，大米消费减退，尤其是家庭内消费量减少及外餐、半成品加工食品消费量增加等问题。后又加上在关税贸易总协定乌拉圭回合交涉中接受了最低义务进口量的承诺等问题，使日本大米供求结构发生了很大变化。

"新法"主要内容如下：一是根据大米需求状况（预测），制定有关大米供需和价格安定的基本计划，以调节生产和流通，保持供求平衡和价格稳定；二是自主流通米是大米流通的主体，政府米限定在必要数量以内；三是设立专项储备，以政府米及部分进口米充当，由政府与民间共同负责（费用由政府补贴一部分），以政府为主；四是减少水稻种植面积，对减少的农户给予补贴；五是自主流通米和政府米定位计划流通米，确保其稳定流通，废止生产者必须向政府交售粮食的义务，对流通业者实施登记制度和流通渠道全面放宽；六是为进一步确保自主流通米价格形成上的透明度，使形成的价格确实反映供需实际，自主流通米价格形成机构改组为价格形成中心，并赋予法律地位。

日本的大米流通体制在经历了上述改革后，终于向大米的自由流通和市场化迈出了实质性的一步。这使日本粮食的生产和经营在1998年以后基本完成了市场化，政府的大米赤字也逐步减少。

（二）日本粮食流通的特点

1. 组织制度明晰，组织体系完善

日本政府中，在粮食生产与流通方面，对其进行直接管制管理的机构是内阁下设的粮食厅。粮食厅是政策制定、实施宏观管理的机构。它对政策的实施、监督与管理，依赖于遍布全国各地的分支机构（或称派出机构，即粮食事务所。粮食事务所最重要的职能为依法执行粮食生产、流通、检查等方面的管理、监督和控制。粮食事务所的主要职责包括以下七个方面：①执行国家的粮食政策，负责相关政策措施的具体实施；②负责粮管特别会计的实施；③监督、管理粮食经营单位，核查和收发粮食经营许可证；④对粮食质量进行检查，监督市场价格；⑤安排粮食在全国范围内的运输、仓储、配给等；⑥管理国营仓储、加工机构；⑦收集信息资料，进行统计分析，制订未来计划。

2. 分工合理，民间组织发挥重要作用

除了粮食事务所之外，具体代表政府执行流通职责的是以下六种民间机构。

（1）指定收购商。指定的收购商是指由政府指定的粮食收购商。在管制流通阶段，指定收购商共分为三级，主要由全国农协联合会（全农）承担，实际上就是全民的三级结构。也就是说，粮食厅指定全农为一级收购商，而下设的县、村农协为二、三级收购商。这样，粮食厅充分利用了与农民结合在一起的各地农协，更有利于粮食收购工作的展开。

（2）指定批发商。指定批发商是指政府指定粮食批发的公司，这种批发商仅仅代表政府行使流通职能，受政府委托将粮食转移给政府指定的零售商，转移的数量、价格都由政府指定，它们的收益主要为粮食转移过程中的手续费。粮食在这个环节的所有权仍属于政府。政府之所以采取这种形式，主要是想借用现有的商业渠道，以提高粮食的流通效率，降低流通成本。经营粮食的批发商必须要有政府的经营许可证。

（3）指定销售商。指定销售商也称零售商，也是由政府指定的，实行同样严格的许可证制度。它们没有粮食的定价权，销售价格由国家统一制定。

（4）指定运输公司。最早政府只指定日本运通公司一家来运输粮食，后来由于发生了公司欺诈政府、诈骗运费的事件，政府又多指定了几家公司来参与粮食运输服务。这样，就形成了相互竞争、相互监督的良好局面。

（5）指定仓库保管机构。管制流通时期，政府为了确保粮食政策的实施，建立了政府投资的仓储机构。但是由于粮食从收购到零售经过多个环节，政府不可能在每个环节都设置仓储机构，便借用民间的仓储机构，这些机构都是政府指定机构，获得许可证。

（6）指定粮食加工机构。粮食加工厂也是由政府指定的加工厂来进行，实行的也是许可证制度。

从上述分析可以看出，在管制流通时期，日本政府对粮食流通实行的是全程管制，粮食到消费者手里之前，其所有权实质上都归政府所有，而参与粮食流通的所有政府和非政府部门，都经政府指定，实行许可证制度。

3. 粮食流通商业组织体系完备

日本的粮食流通商业体系可分为四个层次（见图4）。

一级批发商→二级批发商→三级批发商→零售商

图4　日本粮食流通商业组织体系

（1）批发机构。

批发机构具有垂直性和阶段性的结构特点。多层次的梯形结构使得批发机构规模巨大，在日本商业组织体系中占有极其重要的地位。就粮食流通而言，批发商的作用更大。由于粮食在历史上是专营产品，放开经营后，指定法人批发商转变为登记批发商，虽然有其他的商业批发商加入到了登记批发商的行列中，但主要的粮食批发商仍然以传统的几家大的批发商为主，而实力和规模最大、影响力最强的批发商又同日本全农关系密切。

（2）零售业。

日本的零售业极为发达，各种零售店遍布全国，从城市到乡村，零售店随处可见。就粮食经营来说，自放开经营后，绝大多数经营食品和生活必需品的零售店都开始经营粮食。这是因为粮食也是生活必需品，而且粮食的商品化形态与其他商品无异（有大、中、小包装、品牌等），所以经营粮食既方便了消费者，又可增加获利机会，每一家零售商都不舍得放弃这一机会。除了商业零售体系之外，有些农民也开设了自己的粮食专营店，经营自己生产的产品。总之，有店零售业已经成为粮食流通组织体系的有机组成部分。无店零售业是指无店铺经营的零售企业，主要有邮购、网络销售等方式。在粮食流通的组织体系中，这类零售商较少，这与粮食的自身特点有关。有的农民自产自销时，有时会采用配送方法，即通过配送公司（如宅急送等）销售自己生产的粮食。这类销售市场份额微乎其微，作用不大。

4. 粮食入札市场繁荣发展

所谓入札，就是拍卖的意思。日本粮食流通中影响较大的活动是每年数次的粮食入札。入札市场有：东京粮食入札市场和大阪粮食入札市场。这两大市场又被称为自主流通米流通中心，是自主流通米的一级批发市场。该市场按规定定期开市，交易者主要是粮食供给商和粮食批发商。交易的数量占整个流通量的绝大部分，这已经形成日本粮食流通的特色。日本粮食入札市场有三个方面的作用：①流通作用。通过入札市场，将粮食由供给商转移给批发商，进而流入到消费市场。②价格指示作用。通过入札市场，反映粮食供求状况，为下一年的粮食生产和流通提供信息和指示，同时入札价格对市场价格也有指示作用。③干预作用。入札市场为政府干预市场提供了商业便利。当供过于求时，政府通过入札市场买入粮食，当供不应求时，政府通过入札市场卖出粮食，实现粮食市场的稳定。

三、欧盟

20 世纪 70 年代，欧盟主要的农产品几乎都是净进口；到 20 世纪 80 年代成为小麦、糖、肉和奶制品净出口实体；2000~2002 年，欧盟农产品出口已约占全球农产品出口总量的 17%。欧盟在扩大农业生产和出口方面取得的巨大成功很大程度上归因于欧盟共同农业政策的实施。

（一）欧盟粮食流通政策的演变

欧盟共同农业政策（Common Agricultural Policy，CAP）的主要政策目标是提高欧盟农业在内部市场和外部市场的竞争力，在新的世纪建立具有欧洲特色的农业模式。CAP主要由市场和价格支持政策、结构政策、社会政策和环境政策组成。对世界农产品市场影响最大的是农产品价格支持政策，是欧盟 CAP 的核心和基石[6]。欧盟的区域内农业支持水平位居世界前列，为了面对世贸组织农产品贸易谈判要求，特别是来自美国和凯恩斯集团的压力，欧盟委员会通过了《欧盟 2000 年议程》，强调对农业政策进行更为彻底的改革。

1. 价格支持阶段

该阶段从 1962 年欧洲共同体农业政策开始实施至 1992 年。该阶段与美国 1933~1983 年的农业价格支持政策有些类似。农产品价格分为目标价格、门槛价格和干预价格。

目标价格。这是欧盟成员国决策者们认为在谷物的主要调入区所应当达到的理想价格。目标价格是计算门槛价格的基础，它等于干预价格加上从过剩区奥尔良到消费区杜伊斯堡的运费机上一个市场因素差价。所谓市场因素差价指奥尔良地区正常市场状态下市场价与干预价的差价。

门槛价格。这是用于调控进口的一个政策价格，是对进口谷物征收差价税依据之一，即当世界粮食市场价格低于欧盟市场价格时，第三国向欧盟输出粮食，必须缴纳差价关税，使进口粮食价格不能低于欧盟市场价格水平。

干预价格。这是一种保证价格。当市场价格降低到干预价格时，政府的专门机构便有义务以这个价格进行收购从而使市场价格不再跌到这个水平以下。干预价格理论上计算依据是与欧盟主要谷物过剩区法国奥尔良地区的生产成本相挂钩。

2. 价格支持与直补双规阶段

该阶段从1992年至2002年。由于欧盟政府对农产品价格的强有力支持，进入20世纪90年代，农产品生产开始出现过剩。欧盟政府开始从促进农业生产和提高农产品的自给率水平，转为减少过剩、提高产品质量、保护生态环境、存进农村发展的维护上来。在价格支持政策发挥作用的同时，建立起了对生产者直接补贴的制度。主要内容包括：①大幅度降低干预价格水平，用三年时间将粮食价格降低29%，接近国际市场水平；②控制生产规模，实施耕地面积减少计划，冻结15%的粮食种植面积，对冻结的土地实行休耕补贴，补贴标准与面积补贴基本相同；③收入支持，对冻结15%耕地面积的农业生产者，以不同地区平均单位面积产量为基础，根据种植面积给予补贴；④强调可持续发展，以补贴鼓励环境的保护，对35~45岁的青年到山区和条件差的地区从事农业开发项目给予补贴等。

3. 直接补贴主导阶段

该阶段从2002年欧盟的CAP改革起至今。欧盟2002年CAP改革的具体内容主要包括两个方面：①农产品价格支持政策调整。多年来，欧盟通过价格支持政策对农产品提供巨额补贴，使欧盟财政负担沉重。2002年改革方案确立的CAP新框架规定，2006年后的共同农业支出将冻结在2000~2006年的水平（考虑物价因素每年增加1%）。继续削减农产品价格补贴，如谷物支持价格降低5%，在未来10年内减少10%的种植面积等。同时根据欧盟东扩的新形势，提出2004~2006年对东欧10国的农业补贴按相当于同期欧盟15国水平的25%、35%和40%计算。2006年后每年增加10%，到2013年实行同等待遇，以控制补贴的扩大。②加大农业直接补贴政策的力度。设计"单一农业补贴"制度，向农民提供与农产品生产和价格不挂钩的直接收入补贴，以替代目前对农民提供的各种类型的直接补贴，减少对农产品市场的扭曲；削减对大农场的直接补贴，并将节约出来的资金用于农村发展计划以及未来CAP改革的资金需求，纠正目前欧盟80%的农业补贴流向20%农民的不平衡补贴格局，并设计了针对不同补贴水平的农民的削减办法。

总之，欧盟2002年CAP改革是围绕提高欧盟农业竞争力、促进以市场为导向的农业可持续发展和加强农村发展进行的，呈现出两个值得注意的趋势和特点：一是农业补贴方式有了较大的转变，由过去以价格支持、补贴农产品为主，逐步向增加直接补贴、补贴生产者方式转变。据OECD估计，欧盟1991年农产品市场价格补贴为832亿欧元，对农民的直接补贴为211.8亿欧元；而2001年，价格补贴减少到537.6亿欧元，减少了35.4%，对农民的直接补贴增加到435.6亿欧元，增加了105.9%。二是农业补贴水平仍然居高不下。

（二）欧盟粮食流通的特点

欧盟粮食流通的特点主要体现在多手段的市场干预政策：一是干预收购。这是欧盟实行内部市场的主要政策，当市场价格跌到干预价格水平时，政府的专门机构便以购买者的身份进行收购。在收购数量上，没有上限限制。二是共同责任税。这是一种向农民征收的粮食销售税。目的在于通过这种征税，使农民对解决粮食过剩问题也同政府分担一些责任。三是进口差价税与出口补贴税。差价关税是对进口粮食征收的一种调节关税，它等于门槛价格与市场价格之差，差价的税具体作用取决于门槛价格与欧盟内部实际市场价格的高低关系,当内部市场的价格低于门槛价格时,外国粮食无法进入欧盟市场,这时差价税对欧盟内的粮食生产者有很大的保护作用;当欧盟市场价格等于门槛价格时,差价关税则表现出稳定市场的作用,因为国际市场上的粮食可以门槛价格的水平大量输入欧盟市场,并可使欧盟内部粮食价格稳定在门槛价格水平上;当欧盟内部市场价格高于门槛价格时,差价税不存在,与进口差价税对应的措施是出口补贴,其目的在于鼓励出口消除粮食过程问题[7]。

四、几点启示

(一) 规模化的粮食流通组织

世界粮食流通体系变化一个很重要的趋势就是粮食流通组织的大型化,从以往生产组织、批发组织、加工组织、零售组织的相互分割,到目前从田间到地头再到餐桌一条完整产业链的形成,其间不过短短几十年的时间。许多大型粮食流通企业不仅仅只是粮食流通的中间组织、贸易商,而是通过产业链向上延伸进入到粮食生产领域、向下延伸到加工领域、零售体系。粮食流通企业规模的扩大有利于降低粮食流通成本,提高流通效率,可以通过严密的管理组织体系将市场交易成本内部化。同时在粮食加工领域的科技创新能够最大限度地降低损耗。在零售市场以其强大的营销实力引导消费者的粮食消费行为。这些措施都对提升整个粮食产业的效益有着非常重要的作用。如果企业规模足够大,可以以海外投资的形式进入东道国市场,在国际粮食市场上有享有重要的发言权,从而代替政府去实现国家的国际粮食策略,并以最低的成本实现最优的粮食安全模式。

(二) 对粮食流通采取有效的管理和调控措施

(1) 对粮食实行强有力的政府干预政策。美国粮食干预政策主要包括:实行播种面积和销售配额;实行农产品加工许可制度;提供农产品出口补贴;发放无追索权贷款;签订自愿销售协议。欧盟对粮食市场的干预主要表现在对国内的干预价格、对外的门槛价格及对粮食出口的补贴。

(2) 采用计划手段管理粮食生产和流通。日本政府为适应世界贸易组织的挑战,对国内粮食实行高度的计划管理。政府每年由农林水产省根据大米年实际供求变化下达稻谷种植面积计划,利用休耕来减少产量,调整粮食种植面积,以保持大米总供求基本平衡;政府建立粮食储备制度,储备规模以 150 万吨为基础,上下浮动幅度为 50 万吨。

(3) 实行垄断的国内购销或出口体制[5]。作为粮食生产和出口大国,为扩大在国际市场上的份额,发达国家都采取出口补贴和出口垄断的粮食贸易体制。美国从保护谷物生产者的利益出发,对主产区小麦和大麦实行国内购销、出口的垄断经营体制,保证了粮食竞争力和粮农利益。日本粮食流通是政府控制下的市场化,日本对出口实行专营政策、欧盟的门槛价格以及日本实行国家贸易体制,都是对国内粮食市场的有效保护。

(4) 严格的粮食市场管理。美国对经营谷仓有严格的审批条件,每年对从事谷物经营的农民进行资格鉴定,实行资质管理。

(三) 完善的各类农业合作组织

政府支持发展农业合作社和其他中介组织,为农民提供各方面服务发达国家农业合作社虽形式多样,但在为农民提供各方面服务、保护农民利益方面都发挥了重要作用。日本农协是支撑粮食流通的重要组织基础,该组织分为三级体制,即基层农协、县农协经济联合会、全国农协联合会。农协的服务对象是生产者，主要职能是：组织生产、提供服务、代销农产品、教育培训和信用及保险等业务，同时代表农民与政府就制定农业保护政策和保护农民利益进行协调。

美国、欧盟各类农业合作社发展很快。目前，美国有近2000个谷物合作社，控制了国内谷物销售的60%，并提供总出口量的40%的谷物。与美国大粮商、加工商相比，合作社在收购农民粮食、就近提供服务，帮助农民进入市场等方面具有优势，使其发展很快。欧盟农业合作社是粮食流通的主体。合作社为粮食生产者提供产前、产中、产后的服务，在帮助农民增收上发挥了重要作用。

各国的粮食协会也起到了很好的作用。美国的粮食行业协会等民间组织成为连接政府与粮食生产者、经营者的桥梁，是为生产者和经营者服务的组织，联邦政府资助其部分活动经费。澳大利亚粮食协会在保护农民利益方面发挥了主要作用。该协会是一个代表75%农场主的农民组织，通过与政府协商和控制农民选票，在很大程度上影响政府的粮食政策制定。

（四）健全法律体系

在市场化条件下，政府充分利用法律手段管理粮食流通，这是发达国家普遍的做法。日本适应世界贸易组织要求，出台新《粮食法》，为政府管理和调控粮食提供法律依据。《粮食法》包括四个部分：对整体供求关系进行调整；以民间流通方式作为流通方式主体；通过放宽限制管理谋求流通组织化；确立切实反映实际情况的价格体系。

欧盟是建立在高度的市场经济基础上的组织，为保障市场经济有序运行，欧盟出台了一系列农业和粮食法律法规，规范各成员国粮食流通，以保持共同农业政策的统一性。1992年欧共体理事会通过了《关于粮食共同市场组织》，该法对粮食收购价格、粮食干预价格、粮食进出口、粮食质量都做出了明确规定，是各成员国必须严格遵守和贯彻执行的规则[1]。

美国对粮食的管理主要依靠法律手段，先后制定了大量的粮食法律法规，1933年的《农业调整法》，是价格支持和稳定收入立法的开端。自20世纪70年代后期以来，农产品价格支持立法已经变为定期的综合性立法，一般为5年一次。粮食法律的作用体现在以下三个方面：一是通过立法实现对农产品价格支持，稳定和提高粮食生产者的收入；二是联邦政府通过实施一些有关农产品价格补贴和生产控制、加强生态建设、维护正常市场秩序的法律法规，来有效地保护公众利益；三是通过粮食立法，在参与世界粮食贸易中保护国家及粮农的利益。加拿大和澳大利亚同样具有完整和健全的法律体系。

参考文献

[1] 国家粮食局课题组. 粮食支持政策与促进国家粮食安全研究 [M]. 北京：经济管理出版社，2008.
[2] 范建刚. 新兴国家粮食供给调控体系的构建 [M]. 北京：中国社会科学出版社，2008.
[3] 王世群，美国农业出口与粮食援助政策：历史演变与发展趋势 [J]. 农业经济，2010（1）.
[4] 李丰. 日本粮食流通产业组织机制对中国的启示 [J]. 中国发展，2011（5）.
[5] 杨道兵. 发达国家粮食流通安全政策及启示 [J]. 粮食储藏，2007（4）：11-15.
[6] 樊明. 种粮行为与粮食政策 [M]. 北京：社会科学文献出版社，2011.
[7] 王丽萍. WTO框架下美欧农业政策调整的取向及启示 [J]. 农业经济导刊，2005（2）：5-9.

Research on the Grain Circulation Policy Evolution of Some Developed Countries

LI Feng

(*Center for Food Security and Strategic Studies, Institute of Food Economics, Nanjing University of Finance and Economics, Nanjing* 210003, *China*)

Abstract: This paper analyses the grain circulation policy evolution of some major developed countries, such as the United States, Japan and the European Union, which countries stand three main typical characteristics of grain circulation around the world. Their succeed experiences and existing problems would be very good examples for China to make an adjustment during the policy of grain circulation.

Key Words: developed countries; grain; circulation; policy's evolution

《粮食经济研究》征稿启事

　　《粮食经济研究》是由江苏高校哲学社会科学重点研究基地南京财经大学粮食安全与战略研究中心主办、经济管理出版社出版的专业学术刊物。本刊旨在提供一个学术交流的平台，广泛动员国内外学者和社会各界力量，共同关注中国粮食问题并开展全面深入细致的研究，为宏观决策、学科建设和研究队伍建设服务。

　　《粮食经济研究》以学术中立、鼓励创新为办刊原则，以反映粮食经济领域高水平学术研究最新成果为办刊宗旨，力求严谨、深入、细致、求实的学术风范。刊物设置综述、论文、译文、书评4个栏目，主要刊登粮食经济领域内有关粮食生产和流通问题研究的学术论文。

　　《粮食经济研究》由国内外知名专家、学者组成学术委员会，由出版界专家、行业专家和相关领导组成编辑委员会，指导刊物的办刊方向、论文选题和学术规范。

　　《粮食经济研究》采取匿名审稿制度，聘请相关领域的资深专家对所有投稿进行审定，确保刊物学术水准和办刊质量。

　　刊物目前为半年刊。欢迎所有关注粮食问题的国内外专家学者和研究人员踊跃投稿，稿件应以粮食问题为主要内容。稿件收到后，稿件处理情况将在三个月内通知作者。具体稿件要求请登录南京财经大学粮食安全与战略研究中心网站查询，网址为：http://cfsss. njue. edu. cn/。

　　编辑部地址：南京市鼓楼区铁路北街128号南京财经大学31号信箱

　　邮政编码：210003

　　联系人：朱行；赵霞

　　联系电话：025 - 83495942；025 - 83494749

　　电子邮件：fooder@ njue. edu. cn；xia. zhao@ njue. edu. cn

《粮食经济研究》投稿须知

　　为保证稿件评审的客观公正和刊物学术质量的提高,《粮食经济研究》实行双向匿名审稿制度。作者投稿时请注意以下事项:

　　一、本刊物采取电子邮件投稿,作者投稿时请在来稿主题请注明"专投"字样,请勿一稿多投,以免影响审稿和刊用。作者来稿以电子邮件稿件为准,无须寄送纸质稿件。

　　二、本刊仅接受和刊登粮食经济领域内的学术文章,作者投稿时请选择稿件所投栏目,同时请注意投稿范围不要超出本刊的栏目所限。本刊栏目有:综述、论文、译文、书评5个栏目。

　　三、作者可通过电子邮件、电话等方式查询稿件处理情况。凡投稿三个月未收到编辑部刊用或修改通知,作者可另行处理稿件。

　　四、本刊编辑出版执行国家有关编排规范标准,请作者参照网站上的论文模版格式。稿件形式上请遵循以下要求:

　　(一) 来稿篇幅一般在 10000~20000 字。投稿应论点突出、方法科学、论据充足、逻辑清楚、语言简练。基金项目产出的论文应注明基金项目全称,并在圆括号内注明其项目编号。

　　(二) 投稿应注明作者署名,并附作者简介,包括姓名、出生年(如:1980—)、性别、民族(汉族可省略)、籍贯(如江苏省××市/县人)、职称、学历、研究方向、具体工作单位、邮编、通讯地址、电话、E-mail 地址等。以上内容请单独打印在一张纸上。

　　(三) 题名应简明、具体、确切,能概括文章的要旨,一般不超过20个字,必要时可加副标题。全文标题的层次要分明,节段的序号用一、,(一),1.,(1) 表示。

　　(四) 请用中英文两种文字标明文章题目、作者单位、姓名(用汉语拼音)、摘要、关键词。摘要应详细说明论文的研究目的、采用的方法、结果、结论和创新之处。摘要应以提供内容梗概为目的,不加评论和补充解释,简明、确切地记述论文重要内容。不能写成论文的提纲和引言,不要出现"本文"、"文章"等字样。具有独立性和自含性,一般不超过300字。关键词是反映论文主体概念的专有名词或词组,一般应选3~8个。

　　(五) 论文的开始应有本论题的研究成果综述,指出本文的创新点是什么。

　　(六) 稿件推荐采用 Word 文档格式,中文字体采用宋体,西文字体采用 Times New Roman。其中,文章标题采用3号黑体,一、二级标题分别用4号黑体(居中)和小4号黑体,正文字号为5号宋体,行距为单倍行距,图、表中的字号用小5号宋体(表题、图题小5号黑体,居中);中英文摘要用5号字体。注释是对文章篇名、作者及文内某一特定内容的进一步解释和补充,注释序号用带圆括号的阿拉伯数字表示。参考文献采用小五号字体。

（七）参考文献请按引用顺序编号附于正文之后，并在文中进行一一实引，且标号一一对应，正文中采用上标形式。各种文献的著录信息必须完整，外文文献的作者姓名著录格式参照中文相应文献的著录格式（姓在前、名在后，姓不缩写，名可以缩写，例如，"ALBERT（名）EINSTEIN（姓）"应写为"EINSTEIN A"），姓名全部用大写字母。

（八）文献类型标志代码：普通图书—M；期刊—J；报纸—N；会议录—C；汇编—G；学位论文—D；报告—R；电子公告—EB；标准—S；专利—P；数据库—DB；计算机程序—CP；联机网络—OL；光盘—CD。

欢迎新老作者积极为本刊赐稿。

编辑部地址：南京市鼓楼区铁路北街128号南京财经大学31号信箱

邮政编码：210003

联系人：朱行；赵霞

联系电话：025 - 83495942；025 - 83494749

电子邮件：fooder@njue.edu.cn；xia.zhao@njue.edu.cn

本刊充分尊重作者的观点，但是有权修改或删节。不同意删改者请投稿时注明。请勿一稿多投，来稿不退，请自留底稿。三个月未见任何通知，作者可自行处理。稿件一经采用，即按规定邮寄稿酬，并赠送样刊两册。

另外，请将论文发表后的反响情况，如被转载、摘登、决策采用、获奖等情况及时告知我刊，我刊表示衷心的感谢！

图书在版编目（CIP）数据

粮食经济研究.2015年第1期/曹宝明主编.—北京：经济管理出版社，2015.7
ISBN 978-7-5096-4088-3

Ⅰ.①粮… Ⅱ.①曹… Ⅲ.①粮食问题—研究—中国 Ⅳ.①F326.11

中国版本图书馆CIP数据核字（2015）第289549号

组稿编辑：曹　靖
责任编辑：曹　靖　白　冰
责任印制：黄章平
责任校对：超　凡

出版发行：经济管理出版社
　　　　　（北京市海淀区北蜂窝8号中雅大厦A座11层 100038）
网　　址：www.E-mp.com.cn
电　　话：(010) 51915602
印　　刷：北京银祥印刷厂
经　　销：新华书店
开　　本：787mm×1092mm/16
印　　张：7.25
字　　数：181千字
版　　次：2015年7月第1版　2015年7月第1次印刷
书　　号：ISBN 978-7-5096-4088-3
定　　价：58.00元

·版权所有　翻印必究·
凡购本社图书，如有印装错误，由本社读者服务部负责调换。
联系地址：北京阜外月坛北小街2号
电话：(010) 68022974　邮编：100836